Chris Wiegand

FEDERICO FELLINI

Le faiseur de rêves 1920–1993

TASCHEN

KÖLN LONDON LOS ANGELES MADRID PARIS TOKYO

COUVERTURE
Scène de *La Dolce Vita* (1960)
Sylvia (Anita Ekberg) prend un bain de jouvence symbolique dans les eaux de la fontaine de Trevi à Rome.

PREMIÈRE PAGE
Scène de *Huit et demi* (1963)
La scène d'ouverture onirique, dans laquelle Guido flotte dans les airs.

FRONTISPICE
Sur le tournage des *Clowns* (1970)
Federico Fellini.

CI-DESSUS
1 **Federico Fellini** montre comment tourner une scène. 2 **Federico Fellini** aimait jouer de la musique sur les plateaux de tournage.
3 **Sur le tournage de *La Voce della luna* (1990)**
Fellini s'amuse avec Roberto Benigni.

PAGE CI-CONTRE
Sur le tournage de *Satyricon* (1969)

DOUBLE PAGE SUIVANTE
Sur le tournage de *Roma* (1972)
Fellini montre comment poignarder César dans le dos.

4ᴱ DE COUVERTURE
Sur le tournage de *Satyricon* (1969)
Federico Fellini avec son célèbre chapeau.

Notes
Les numéros des notes renvoient à la page 191.

Illustrations
British Film Institute Stills, Posters and Designs, Londres :
1, 4gauche+centre, 5, 8, 10, 12, 14/15, 16, 17, 18/19, 20, 22 (2), 23 (2), 24/25, 27, 28haut, 29h, 32, 34, 39, 40 (2), 41, 44/45, 48, 52 (2), 53 (2), 60, 61, 63, 67, 69, 70, 71, 74, 75, 76, 77, 78, 80 (2), 81 (2), 84 (2), 85h, 86/87, 88 (2), 90, 92/93, 95, 96, 97, 100, 108bas, 113, 114, 115, 128, 130 (2), 131, 134b, 136b, 137b, 140h, 153 (2), 157, 159h, 160b, 162h, 170, 175h, 181, 4e de couverture

PWE Verlag/defd-movies, Hambourg : couverture, 2, 4droite, 6/7, 13 (2), 28b, 30, 31 (2), 33, 35, 36/37, 38 (2), 42, 46, 47, 49, 56, 57, 59 (2), 62, 64, 65, 66, 68, 72, 82, 89, 94, 104, 106/107, 108h, 109 (2), 110/111, 134h, 144h, 145b, 150, 152 (2), 154/155, 158, 159b, 160h, 161 (2), 162b, 164, 166, 167 (2), 168/169, 171 (2), 172, 175b, 176, 177, 182/183, 187, 188 (5), 189, 190

Herbert Klemens/Filmbild Fundus Robert Fischer, Munich : 85b, 91, 98/99, 102/103, 116, 117, 118/119, 120, 121, 124, 125, 132, 135 (2), 136h, 137h, 140b, 141, 142, 143 (2), 144b, 145h, 146, 147, 148/149, 173, 178, 179

The Kobal Collection, Londres/New York : 54/55, 122, 123, 126/127, 138/139, 163

Studio Patellani/Corbis, Londres : 50, 51

Timepix, New York : 11 (Pix Inc), 129 (Carlo Bavagnoli)

Hulton Getty Archive, Londres : 192

Copyright
Les images de films utilisées dans cet ouvrage appartiennent à leurs distributeurs respectifs : Capitolium Film (*Les Feux du music-hall*), PDC-OFI (*Le Cheik blanc*), Peg Films-Cité Films (*Les Vitelloni*), Carlo Ponti & Dino De Laurentiis (*La Strada*), Titanus & SGG (*Il Bidone*), Dino De Laurentiis/Les Films Marceau (*Les Nuits de Cabiria*), Riama Film/Pathé Consortium Cinema (*La Dolce Vita*), Concordia Compagnia Cinematografica and Cineriz/Francinex and Gray Films (*Les Tentations du docteur Antonio*), Cineriz/Francinex (*Huit et demi*), Federiz/Francoriz (*Juliette des esprits*), PEA/Les Productions Artistes Associés (*Satyricon*), RAI/ORTF/Bavaria Film/Compagnia Leone Cinematografica (*Les Clowns*), Ultra Film/Les Productions Artistes Associés (*Roma*), FC Produzioni/PECF (*Amarcord*), PEA (*Casanova*), Daime Cinematografica S.p.A. and RAI-TV/Albatros Produktion GmbH (*Répétition d'orchestre*), Opera Film/Gaumont (*La Cité des femmes*), RAI/Vides Produzione/Gaumont (*Et vogue le navire*), PEA/REVCOM Films, Les Films Ariane, FR3 Films Production, Stella Film, Anthea, RAI-Uno (*Ginger et Fred*), Aljosha Production/RAI-Uno/Cinecittà (*Intervista*), Mario and Vittorio Cecchi Gori, for C.G. Group Tiger-Cinema/RAI (*La Voce della luna*). Nous adressons nos excuses sincères aux détenteurs de copyrights qui, malgré nos efforts, auraient été involontairement oubliés. Naturellement, nous rectifierons ces erreurs éventuelles lors de la prochaine édition de ce livre dans la mesure où elles nous auront été signalées.

© 2003 TASCHEN GmbH
Hohenzollernring 53, D–50672 Köln
www.taschen.com

Conception et maquette : Paul Duncan/Wordsmith Solutions
Typographie : Sense/Net, Andy Disl, Cologne
Coordination de l'édition française : Thierry Nebois, Cologne
Traduction française : Daniel Roche, Paris
Réalisation de l'édition française : mot.tiff, Paris

Printed in Italy
ISBN 3-8228-1670-1

SOMMAIRE	8	CHAPITRE 1	De Rimini à Rome 1920–1950
	20	CHAPITRE 2	Les débuts du Maestro 1950–1953
	42	CHAPITRE 3	Trois films de la Rédemption 1954–1957
	72	CHAPITRE 4	Un cinéaste mondialement reconnu 1958–1963
	104	CHAPITRE 5	Le rêve en technicolor 1965–1970
	132	CHAPITRE 6	Le sexe, la ville et Snaporaz 1972–1981
	164	CHAPITRE 7	Les dernières années 1983–1993
	184	FILMOGRAPHIE	
	191	BIBLIOGRAPHIE	
	191	NOTES	

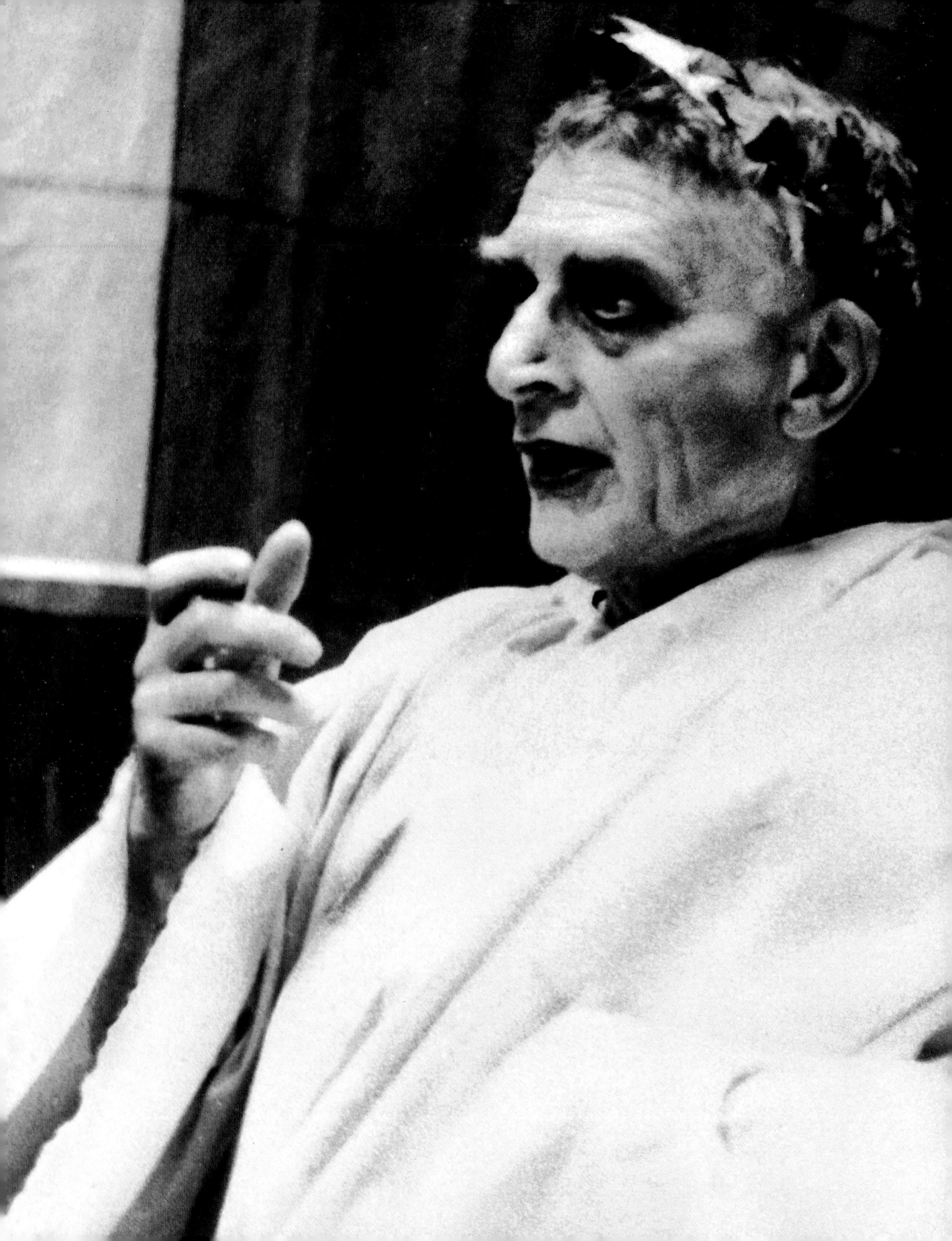

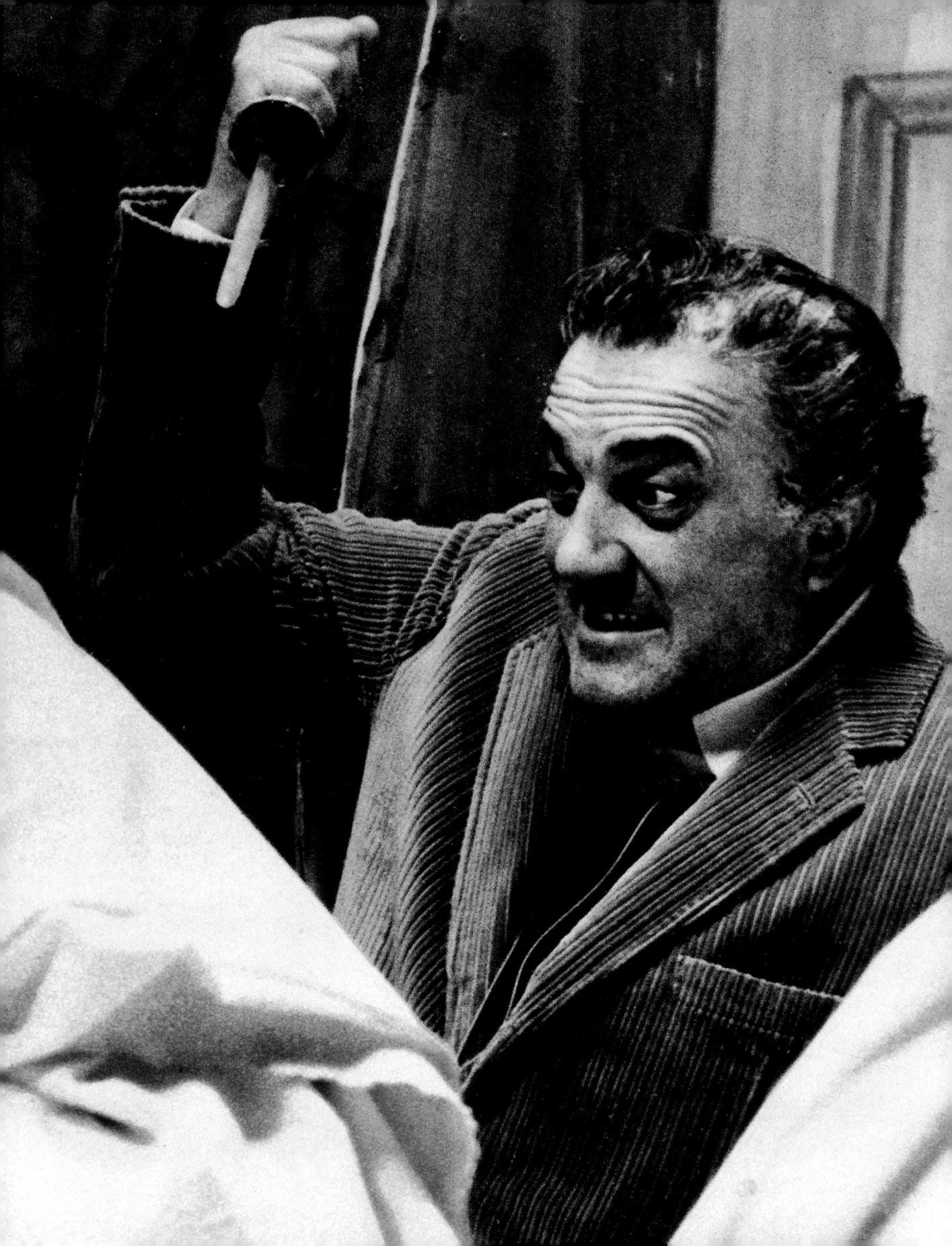

De Rimini à Rome
1920–1950

Le 29 mars 1993, Fellini recevait son cinquième oscar : la statuette, qui consacrait l'ensemble de sa carrière, venait s'ajouter à quatre oscars du meilleur film étranger pour *La Strada* (1954), *Les Nuits de Cabiria* (*Le Notti di Cabiria*, 1957), *Huit et demi* (*Otto e mezzo*, 1963) et *Amarcord* (1973). Pour le cinéaste âgé de soixante-treize ans et souffrant de crises d'arthrite aiguës, le voyage en avion jusqu'en Californie fut une gageure. Il honora cependant la cérémonie de sa présence, entouré de ses proches, à commencer par Giulietta Masina, son épouse et muse, et Marcello Mastroianni, considéré comme son alter ego à l'écran. Aux portes du Dorothy Chandler Pavilion, le groupe se retrouva au beau milieu d'une foule de célébrités assaillies par des hordes gesticulantes de photographes, de cameramen et de journalistes. La scène n'aurait pas détonné dans *La Dolce Vita*, le chef-d'œuvre kaléidoscopique de 1960, qui propulsa Fellini vers les sommets de la gloire internationale et lui valut, dans son pays natal, le titre *Il Maestro*.

Sophia Loren, qui remit l'oscar à Fellini, l'a dépeint comme « un des maîtres conteurs de l'écran », appellation adéquate pour un réalisateur qui avait aussi été journaliste, caricaturiste, gagman et scénariste. Homme de spectacle se définissant lui-même comme marionnettiste, Monsieur Loyal et inventeur, Fellini s'est surtout imposé tout au long de sa carrière multiforme comme un conteur hors pair – les nombreux journalistes qui l'ont interviewé à Cinecittà ne le démentiraient pas. Et comme tous les grands conteurs, c'était aussi un menteur sans égal. Enclin à fabuler sur lui-même, virtuose de l'équivoque, l'énigmatique metteur en scène rejetait le cinéma-vérité en faveur de ce qu'il appelait le « cinéma-mensonge ». Le maestro Fellini était également un *mago*, un magicien talentueux qui ne se contentait pas de relater des histoires captivantes à l'écran, mais savait aussi jongler avec l'histoire de sa vie. « Je me suis entièrement inventé moi-même, affirmait-il. Une enfance, une personnalité, des désirs, des rêves et des souvenirs, tout cela pour me permettre de les raconter. »[1]

Cette attitude, on l'imagine, n'a pas simplifié le travail des biographes du cinéaste. On voit certes réapparaître, d'interviews en interviews, les mêmes anecdotes, mais les dates changent, les détails s'estompent et les personnages glissent d'un rôle à un autre. Pour Fellini, souvenirs de la vie vécue et fantasmes cinématographiques relèvent du même univers, et son seul maître est l'inspiration du moment.

Sur le tournage de *Huit et demi* (1963)
Fellini fait claquer le fouet.

« Je crois que le monde du film doit être analogue au monde du cirque où le lien entre la femme à barbe, les nains, les trapézistes, les clowns, est plus fort que celui qu'ils ont avec leurs frères et sœurs ordinaires qui vivent des vies 'civiles' en dehors du cirque. »

Federico Fellini[24]

« J'aimais qu'on me plaigne, j'aimais apparaître indéchiffrable, mystérieux. J'aimais être incompris, me sentir une victime, un être inconnaissable. »

Federico Fellini [23]

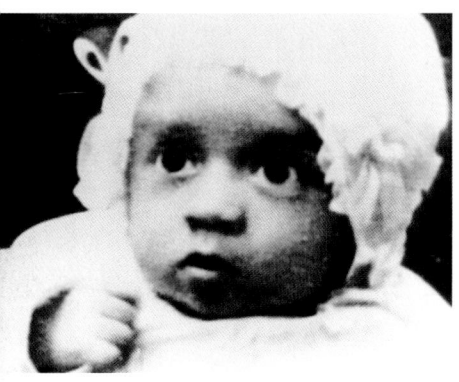

CI-DESSUS
Federico Fellini

PAGE CI-CONTRE
Riccardo et Federico Fellini (1925)
Les deux frères jouent sur la plage de leur ville natale, Rimini. La plage est un élément récurrent dans les films de Fellini ; c'est le lieu où les personnages s'épanouissent et s'accomplissent.

Dans *Taxi Driver* (1976), œuvre de Martin Scorsese, lui-même grand admirateur de Fellini, on trouve cette réplique : « C'est une contradiction vivante, mi-vérité, mi-fiction. »[2] C'est précisément cette « contradiction vivante » que fut le plus grand poète du cinéma italien que notre ouvrage se propose d'examiner.

Federico Fellini est né le 20 janvier 1920 à Rimini, petite station balnéaire de la côte adriatique. Urbano, son père, était représentant de commerce et Ida, sa mère, originaire de Rome, était femme au foyer. Il était l'aîné de trois enfants : son frère cadet Riccardo naquit en 1921 et sa sœur Maddalena en 1929. Fellini avait peu d'affinités avec eux, comme avec ses parents, deux êtres au caractère distant et autoritaire. Le petit Federico, enfant maladif souffrant de troubles thyroïdiens et complexé par sa maigreur, se réfugia très tôt dans son imagination débordante. La découverte du cirque, à l'âge de sept ans, et du music-hall peu après, devait laisser sur le jeune Fellini une profonde empreinte. À Rimini, le cinéma Fulgor devint rapidement un deuxième foyer pour le futur cinéaste qui nourrissait une vénération religieuse pour ce temple de la fantasmagorie. Il s'extasiait devant les bouffonneries des frères Marx, de Laurel et Hardy, de Charlie Chaplin ou de Harold Lloyd.

Fellini comprit très tôt que sa vocation l'appelait sur les planches et sur l'écran. Dès l'âge de neuf ans, il montait des spectacles où s'animaient des marionnettes qu'il confectionnait lui-même. Doté d'un talent précoce pour le dessin et la peinture, il remplissait ses carnets de croquis de visions exaltées de femmes aux seins gros comme des ballons et de héros de bandes dessinées copiés méticuleusement sur des illustrés pour enfants. Dans le plus célèbre d'entre eux, *Il Corriere dei piccoli*, Fellini se passionnait notamment pour les comics américains : *Bringing Up Father* (*La Famille Illico*), *Felix le chat* et *Happy Hooligan*. Il reprit d'ailleurs les techniques de dessinateurs américains comme Frederick Burr Opper, Alexander Raymond et George McManus.

Fellini expliqua par la suite que cette expression artistique lui avait permis de fuir la routine scolaire du collège de Fano où il était pensionnaire. Mais les archives de l'école en question indiquent que c'est Riccardo, son frère, et non lui, qui avait effectué sa scolarité dans l'établissement. Fellini a également fait naître une rumeur selon laquelle il se serait fait engager dans un cirque itinérant. Mais comme il le reconnut plus tard, il aurait aimé « accompagner ce cirque durant des mois, mais ce fut plutôt l'affaire d'un après-midi ». Ces anecdotes dessinent en tout cas les contours d'un univers d'enfant – celui dans lequel Fellini aurait aimé vivre.

Adolescent, le futur cinéaste collabora à un supplément dominical, *La Domenica del Corriere*, dans lequel ses dessins (croquis, caricatures ou « plaisanteries express ») étaient signés « Fellas ». En 1937, le futur cinéaste quitta l'école, son diplôme de fin d'études littéraires en poche, et ouvrit une petite galerie d'art avec un ami, un certain Demos Bonini. Ils se partageaient le travail équitablement : Fellini dessinait et Demos coloriait. Les œuvres issues de cette étroite collaboration étaient tout naturellement signées « FEBO » (pour Fellini et Bonini). Peu à peu, la réputation du jeune artiste grandit, ce qui lui permit de passer un marché avec le gérant du Fulgor : en échange d'un accès libre et permanent au cinéma, Fellini réaliserait des caricatures d'acteurs contemporains, à la manière de Nino Za, un célèbre caricaturiste de l'époque. Ses dessins seraient affichés dans le hall du Fulgor et dans les vitrines des commerces de la ville où ils serviraient de publicité pour la programmation du cinéma.

En 1937, Fellini passa quelques mois à Florence. Il gagna tant bien que mal sa vie en vendant ses dessins et caricatures au magazine satirique *420*. Il décida par la suite

« Pour moi, le néoréalisme se confond avec Rossellini. De Rome, ville ouverte *aux* Onze fioretti *de François d'Assise, Rossellini a accompli un progrès décisif dans l'histoire du cinéma. »*

Federico Fellini [20]

Scène de *Rome, ville ouverte* (1945)
Pina et don Pietro (Aldo Fabrizi). Les passages humoristiques du prêtre ont été écrits par Fellini.

de s'installer à Rome. La capitale l'attirait depuis longtemps, peut-être parce que sa mère était romaine d'origine. Il promit d'ailleurs à ses parents de s'inscrire à la faculté de droit. Arrivé à Rome en janvier 1938, il s'installa successivement dans plusieurs hôtels meublés, menant une existence oisive : il passait ses journées à flâner dans les rues et à s'imprégner de l'atmosphère de la Ville éternelle dont il tomba immédiatement amoureux.

En 1939, il obtint un emploi de caricaturiste à *Marc'Aurelio*, un périodique humoristique en vogue qui s'inspirait quelque peu du *Punch* anglais. Ses nombreuses contributions au magazine, les trois années suivantes, ne se limitèrent pas aux dessins. Il écrivit aussi des nouvelles, des messages publicitaires, des gags pour le comédien Macario et interviewa, à l'occasion, acteurs et metteurs en scène. Pour arrondir ses fins de mois, il brossait aussi des caricatures de clients dans des restaurants de la capitale. Les multiples talents de Fellini et son art de la persuasion lui ouvrirent des portes dans différents milieux. Conjuguant chance, corruption, astuce et sens de la répartie, il parvint même à se faire réformer.

Avec la libération de Rome par les Américains en 1944 et la pénurie qui sévissait, Fellini vit ses anciennes sources de revenus se tarir : tous les tournages étaient arrêtés et les magazines auxquels il collaborait étaient repris en mains par les Américains. Avec le concours d'un groupe d'amis, il ouvrit une boutique de caricatures appelée « The Funny Face Shop », sur la via Nazionale. L'établissement, dont le principe allait bientôt se généraliser dans toute la ville, était fréquenté quasi exclusivement par des G.I. Quelle ne fut donc pas la surprise de Fellini quand, un beau jour, il vit arriver Roberto Rossellini, cinéaste déjà renommé (il comptait à son actif une demi-douzaine de courts métrages et quatre longs métrages). Rossellini avait la réputation d'un metteur en scène doué d'une faculté d'observation et d'une sensibilité modernes. S'il rendit visite à Fellini, c'est qu'il cherchait aussi à rencontrer Aldo Fabrizi, une relation du jeune dessinateur, auquel il souhaitait attribuer un rôle. Mais les prétentions de Fabrizi étaient élevées et Rossellini devait rivaliser d'ingéniosité pour boucler son budget : c'est donc une faveur qu'il demanda à Fellini. Il fallait persuader l'acteur de jouer le rôle de Don Morosini, un prêtre tué par une patrouille de S.S. durant la guerre. C'était un rôle dramatique, à l'opposé des personnages comiques qui l'avaient rendu célèbre. Fabrizi se laissa pourtant convaincre.

Rome, ville ouverte (*Roma, città aperta*, 1945) évoque aussi le rôle des enfants dans la Résistance. Fellini s'attaqua à la rédaction du scénario qui fut écrit en une semaine avec Rossellini et Sergio Amidei. Fellini était notamment chargé de concevoir le personnage de Fabrizi et d'alléger l'atmosphère générale du film en y introduisant des épisodes humoristiques.

Par son ton comme par son message social progressiste, *Rome, ville ouverte* fit souffler un vent nouveau sur le cinéma italien. Il devint vite une référence pour les jeunes cinéastes « néoréalistes » de la péninsule qui allaient faire de Rossellini leur chef de file. À la différence de films d'inspiration proche, *Rome, ville ouverte* connut un immense succès en Italie et dans le monde, notamment aux États-Unis. Peu après, Fellini, Rossellini et Amadei collaboraient au script de *Paisà* (1946), film à sketches tourné dans un style documentaire. Rossellini, qui fit tourner des acteurs amateurs, y montrait les ravages de la guerre entre 1943 et 1945 dans six villes ou régions différentes. Le cinéaste tomba malade durant le tournage et c'est Fellini qui dirigea l'une des séquences à sa place (celle tournée à Florence).

CI-DESSUS
Scène de *Rome, ville ouverte* (1945)
Le visage émouvant d'Anna Magnani
dans le rôle de Pina.

CI-CONTRE
Scène de *Rome, ville ouverte* (1945)
Pina tente de rejoindre son mari qui vient d'être
arrêté par les Allemands. Ces derniers l'abattent.

DOUBLE PAGE SUIVANTE
Scène de *Rome, ville ouverte* (1945)
Après l'exécution de don Pietro, les enfants
poursuivent la résistance.

« *C'est cela la véritable leçon que j'ai apprise
de Roberto [Rossellini] : cette humilité devant
la caméra et en un certain sens, cette foi
extraordinaire dans les choses photographiées
– les hommes, les visages.* »

Federico Fellini [21]

Scène de *Paisà* (1946)
Le gamin futé vole les chaussures du soldat ivre. Parti à la recherche de ses souliers, le soldat découvre le dénuement dans lequel vivent les Romains. Fellini ajoute une dimension humoristique aux films moralement complexes de Rossellini.

Après *Paisà*, Rossellini changea de décor : c'est dans le Berlin dévasté de l'après-guerre qu'il tourna son projet suivant, *Allemagne, année zéro* (*Germania, anno zero*, 1947). Fellini, de son côté, travailla sur différents scénarios : *Le Passeur* (*Il Passatore*, 1947) de Duilio Coletti et *Le Juif errant* (*L'Ebreo errante*, 1947) de Goffredo Alessandrini. Sur le tournage du film de Coletti, il rencontra Tullio Pinelli, un auteur de scénarios expérimenté avec lequel il écrivit par la suite *Le Miracle* (*Il Miracolo*), seconde partie d'un diptyque de Rossellini intitulé *L'Amour* (*L'Amore*, 1947). Pour le scénario du *Miracle*, Fellini puisa dans ses souvenirs d'enfance : le film évoque Gambettola, le village de sa grand-mère où il passait ses vacances d'été, et les histoires que racontait cette dernière. Anna Magnani y interprète le rôle d'une bergère simple d'esprit qui tombe enceinte des œuvres d'un vagabond qu'elle prend pour saint Joseph. Ce rôle est d'ailleurs tenu par Fellini, qui fit aussi office d'assistant à la mise en scène.

Mais les tournages avec le maître à penser du néoréalisme ne payaient guère et Fellini se vit contraint de collaborer à des tournages de films commerciaux pour Lux, un studio commercial de l'époque. C'est pour les productions Lux

qu'il cosigne ainsi *Sans pitié* (*Senza pietà*, 1948), film noir qui dépeint l'amour impossible d'Angela pour Jerry, un déserteur noir américain. C'est aussi dans ce film que Giulietta Masina fait ses vrais débuts à l'écran, après une brève apparition dans *Paisà*. Viennent ensuite les scripts de *Onze fioretti de François d'Assise* (*Francesco, giullare di Dio*, 1950) et de *Europe 51* (*Europa 51*, 1952), avec Rossellini. G. Masina joua également dans ce dernier film, taillé sur mesure pour Ingrid Bergman, la nouvelle épouse de Rossellini. Mais les deux hommes s'éloignèrent peu à peu l'un de l'autre : les tournages suivants de Rossellini furent autant d'hymnes à Bergman, grande star féminine du moment, et Fellini décida qu'il était temps pour lui de réaliser ses premiers films.

CI-DESSUS
Scène de *Paisà* (1946)
Le cinéma néoréaliste initié par Roberto Rossellini a connu un succès retentissant grâce au jeu d'acteurs amateurs et aux tournages en décors naturels.

DOUBLE PAGE SUIVANTE
Sur le tournage de *Paisà* (1946)
Fellini se trouve juste à gauche de la caméra, avec les lunettes de soleil.

« *Pour moi, le néoréalisme est une manière de regarder la réalité sans préjugés, sans conventions entre elle et moi, de l'affronter sans idées préconçues, de la regarder honnêtement, quelle que soit cette réalité, non seulement la réalité sociale, mais la réalité spirituelle, la réalité métaphysique, tout ce qu'il y a dans un homme.* »

Federico Fellini [21]

Les débuts du Maestro 1950–1953

C'est avec *Sans pitié* d'Alberto Lattuada – pour lequel il avait cosigné trois scénarios – que le Maestro fit ses débuts de metteur en scène. Lattuada et Fellini décidèrent de monter une petite maison de production avec le concours de Giulietta Masina, que Fellini avait épousée en 1943, et de Carla del Poggio, l'épouse de Lattuada. Cette société était chargée de rassembler des fonds pour réaliser *Les Feux du music-hall* (*Luci del varietà*, 1950), qui raconte la vie d'une troupe de comédiens ambulants. Lattuada et Fellini signèrent et dirigèrent ensemble le film, qui mettait en scène leurs épouses respectives dans les premiers rôles. Ce projet était pour Lattuada une affaire de famille : son père Felice écrivit la musique du film et sa sœur assura la direction de la production.

Le film débute par un avant-spectacle de music-hall dans un petit théâtre de province plein à craquer. Sur scène, un homme d'un certain âge fait le panégyrique de l'oie qu'il a perdue tandis qu'un chœur de beautés vêtues de bikinis se trémousse sur un morceau de jazz. Pendant ce temps, dans les coulisses, un homme furibond – qui s'est fait autrefois escroquer par la troupe – confisque la recette de la soirée. Les comédiens prennent le train pour la ville suivante et c'est à bord que le vieux Checco (Peppino de Felippo), vétéran de la scène et patron de la troupe, est accosté par Liliana (Del Poggio), ambitieuse ingénue et ex-reine de beauté résolue à faire une carrière d'actrice. Si Checco cède rapidement à ses charmes, les autres comédiens de la troupe se montrent nettement plus réticents. Elle obtient néanmoins de jouer le soir même, mais perd accidentellement sa jupe pendant la représentation. Le public, enthousiasmé par ce strip-tease involontaire, lui fait une formidable ovation, et Liliana, promue nouvelle vedette du spectacle, plastronne, auréolée de sa gloire toute récente.

Checco perd le soutien du reste de la troupe et se met en quête de nouveaux comédiens pour reformer une troupe autour de Liliana. Il rencontre un trompettiste et un tireur d'élite (« l'homme noir et Buffalo Bill ») afin de les engager, mais l'ingrate l'abandonne pour une autre compagnie. Dans la scène finale, le vieil acteur croise une dernière fois Liliana à la gare. Cette fois, ils ne prennent pas le même train, mais dans une sorte de retour en arrière (une forme récurrente dans les films ultérieurs de Fellini), Checco essaie de recruter une nouvelle soubrette au moment où le train s'ébranle pour une nouvelle destination.

Sur le tournage des *Feux du music-hall* (1950)
Fellini (les bras croisés, à gauche du projecteur) affirma un jour qu'il n'avait pas coréalisé le film, mais qu'il avait simplement croisé les bras et regardé Alberto Lattuada faire tout le travail.

« Je n'ai pas choisi de devenir réalisateur : c'est le cinéma qui m'a choisi. »

Federico Fellini [21]

CI-DESSUS
Scène des *Feux du music-hall* (1950)
Les acteurs donnent l'impression que tout est merveilleux.

CI-CONTRE
Sur le tournage des *Feux du music-hall* (1950)
Fellini (à droite) assiste à une répétition avec Alberto Lattuada (accroupi).

CI-DESSUS
Scène des *Feux du music-hall* (1950)
Liliana Antonelli (Carlo del Poggio) ferait
n'importe quoi pour être célèbre, y compris
se dénuder pour susciter davantage
d'applaudissements de la part du public.

CI-CONTRE
Scène des *Feux du music-hall* (1950)
La vraie vie des comédiens se déroulait
dans les compartiments des trains italiens.
Ils surmontaient ensemble les épreuves
de leur piètre existence. Ici, Checco Dalmonte
(Peppino de Filippo, au centre) converse avec
sa petite amie Melina Amour (Giulietta Masina).

DOUBLE PAGE SUIVANTE
Scène des *Feux du music-hall* (1950)
Edison Will (Giulio Cali) et son oie sont
abandonnés sur la voie.

> *« Je n'ai aucun souvenir spectaculaire et de plus, je les ai tous épuisés dans les films que j'ai faits. En les livrant au public, je les ai neutralisés. Maintenant, je ne peux plus distinguer entre ce qui est vraiment arrivé et ce que j'ai inventé. »*
>
> Federico Fellini [22]

Comédie exubérante, excentrique et souvent burlesque, *Les Feux du music-hall* dépeint l'univers du show-business sur un ton qui rappelle les comédies musicales hollywoodiennes. Dans sa jeunesse, Fellini était un spectateur assidu des représentations données sur les scènes de music-hall et de théâtre de Rimini. Il a affirmé avoir basé son scénario sur ses souvenirs personnels de tournée avec la troupe d'Aldo Fabrizi. Si Fellini n'a, contrairement à ses dires, jamais suivi cette compagnie en tournée, il a en revanche côtoyé de près le type d'acteurs qu'il dépeint dans son film, ce qui explique sans doute sa familiarité et son affection à leur égard. Comme il le confiait à Charlotte Chandler, il éprouvait « un lien avec quiconque aspire à jouer sur scène ». Pour Fellini comme pour Fred, le vieil acteur mis en scène dans *Ginger et Fred* (*Ginger e Fred*, 1985), « les artistes sont les bienfaiteurs de l'humanité ».

Il est difficile de définir les parts respectives de Lattuada et de Fellini dans la conception et la réalisation des *Feux du music-hall*. Fellini a affirmé à plusieurs reprises : « J'ai écrit l'histoire originale, rédigé le scénario et choisi les acteurs. » Mais il a aussi déclaré : « Pour dire la vérité, Lattuada a tout fait. Je me suis contenté de regarder. » Quelle qu'ait été la réalité de cette collaboration, le film contient plusieurs traits typiquement felliniens : son ton doux-amer, ses personnages marginaux itinérants et ses interludes musicaux. À l'instar de nombreux protagonistes de ses films ultérieurs, les provinciaux des *Feux du music-hall*, avec leur air gauche et ringard, ne se laissent jamais abattre par les infortunes et ils éprouvent un effroi mêlé de respect pour la haute société. *La Strada*, autre road-movie du cinéaste, est construit selon un schéma similaire tout comme *Ginger et Fred*, qui évoque l'existence de deux danseurs de seconde zone sur le déclin. Zampano, l'hercule forain de *La Strada* et les danseurs de claquettes vieillissants de *Ginger et Fred* sont des saltimbanques obscurs, tout comme les ringards des *Feux du music-hall*. Le numéro dans lequel Zampano brise ses chaînes est aussi inepte et peu inspiré que celui du fakir qui, dans *Les Feux du music-hall*, mâche et avale des ampoules électriques. *Ginger et Fred*, hommage mélancolique aux grands spectacles de variétés d'antan, fait écho à un commentaire poignant des *Feux du music-hall* où l'un des membres de la revue explique que la troupe ne se produit plus à Trani parce que le théâtre municipal de l'endroit ne joue plus que des films.

Les Feux du music-hall fut plutôt mal reçu par la critique et se solda par un demi-échec commercial, ce qui causa de sérieux ennuis financiers à Fellini et Lattuada qui avaient dépassé leur budget. Cet échec relatif s'explique par la sortie au même moment d'un film de la même veine signé par les frères Monicelli : *Dans les coulisses* (*Vita da cani*, 1950). Fellini continua à collaborer à des scénarios pour d'autres cinéastes et cosigna trois films avec Pietro Germi, dont *Traqué dans la ville* (*La Citta si difende*, 1951). Il collabora aussi au film *Les Volets clos* (*Persiane chiuse*, 1951) avec Tullio Pinelli et travailla comme assistant metteur en scène. Le producteur, Luigi Rovere, fut si impressionné par son travail qu'il proposa à Fellini de diriger et de cosigner *Le Cheik blanc* ou *Courrier du cœur* (*Lo Sceicco bianco*, 1952), une satire des *fumetti*, ces romans-photos qui étaient alors très grande vogue. Les histoires à l'eau de rose que narraient les *fumetti* étaient conçues pour un public d'âge mûr, majoritairement féminin. Michelangelo Antonioni, qui venait d'achever un documentaire sur l'univers du roman-photo intitulé *L'Amorosa menzogna* (1949), signa la première ébauche de script.

Scène des *Feux du music-hall* (1950)
Melina est le pilier moral du film, toujours fidèle aux autres et à elle-même. Giulietta Masina est habituée à ce genre de rôle.

CI-DESSUS
Scène du *Cheik blanc* (1952)
En visite à Rome, Wanda Cavalli abandonne son mari pour passer une journée entière aux côtés du Cheik blanc (Alberto Sordi), un être charmant et fringant.

CI-CONTRE
Scène du *Cheik blanc* (1952)
Ivan Cavalli (Leopoldo Trieste) avait établi un emploi du temps précis pour son voyage à Rome, chaque déplacement étant strictement minuté. Lorsque sa femme disparaît, son existence devient chaotique.

Scène du *Cheik blanc* (1952)
Wanda Cavalli (Brunella Bovo) rêve devant les photos du romantique Cheik blanc, la vedette de ses *fumetti* (roman-photo) préférés. « La vie réelle se trouve dans nos rêves », tel était son crédo.

CI-DESSUS
Scène du *Cheik blanc* (1952)
Il correspond à son idéal de l'homme romantique.

CI-CONTRE
Scène du *Cheik blanc* (1952)
Wanda est tellement ensorcelée par le Cheik blanc qu'elle se glisse complaisamment dans les costumes de Fatma, l'esclave de son héros blanc, lors des séances de prises de vues des *fumetti*.

PAGE CI-CONTRE
Scène du *Cheik blanc* (1952)
La première fois que Wanda vit le Cheik blanc, il se balançait sur un trapèze.

Scène du *Cheik blanc* (1952)
Pour se venger de sa femme qui le délaisse, Ivan passe la nuit en compagnie de deux prostituées, Cabiria et Silvana.

Le Cheik blanc obéit à une construction classique en trois actes, que Fellini n'utilisera que rarement par la suite. Un couple de jeunes mariés provinciaux, Wanda (Brunella Bovo) et Ivan (Leopoldo Trieste), ont choisi Rome pour leur voyage de noces. Wanda est impassible et influençable, Ivan, empressé et irascible. Chacun a son idée bien arrêtée sur la meilleure façon d'occuper son temps à Rome. Ivan explore systématiquement la ville du matin au soir, tandis que Wanda s'est mis en tête de trouver Fernando Rivoli (Alberto Sordi), la star glamour du *Cheik blanc*, son roman-photo préféré. Peu après leur arrivée, Wanda fait faux bond à son époux et se présente à la rédaction du magazine où paraît le roman-photo. Apprenant que Fernando Rivoli se trouve à Fregene, en pleine séance de prise de vues, elle décide de s'y rendre sur-le-champ, laissant son pauvre mari dans l'embarras le plus complet, avec ses parents auxquels il est bien incapable d'expliquer l'absence de sa jeune épouse. Rivoli propose à la jeune femme subjuguée d'interpréter le rôle d'une femme du harem dans la séquence qui doit se tourner. Mais les intentions de l'acteur sont tout sauf pures. Révoltée par ses manières veules et vulgaires, Wanda s'enfuit, désespérée. Se croyant déshonorée, elle tente en vain de se noyer dans le Tibre, et finit par retourner auprès d'Ivan qui refuse d'écouter ses justifications. Leur lune de miel suit son cours et Wanda se rend compte que son véritable « cheik blanc » ne peut être qu'Ivan.

Dans ce film, le premier long métrage réalisé par Fellini, celui-ci donne la pleine mesure d'une virtuosité encore invisible dans *Les Feux du music-hall*.

Scène du *Cheik blanc* (1952)
En réalité, le Cheik blanc n'est autre que Fernando Rivoli, un boucher au chômage qui profite de sa situation pour assouvir ses désirs, à l'instar de Checco Dalmonte dans *Les Feux du music-hall*.

L'action se déroule sur 24 heures. Pour narrer en parallèle les aventures de ses deux héros, Fellini utilise une technique complexe de raccourcis qui imprime au film un rythme haletant, soutenu par les leitmotivs entêtants d'une partition signée Nino Rota. *Le Cheik blanc* présente de nombreuses similitudes avec *Les Feux du music-hall* qui tire sa force comique des situations dans lesquelles sont plongés des personnages empruntés à la vie réelle. Le groupe d'énergumènes bruyants et de starlettes qui interprètent et réalisent les séquences du roman-photo rappelle la compagnie disparate de comédiens de music-hall dirigée par Checco. On y retrouve une oscillation semblable entre rêve et réalité, illusion et désenchantement. Wanda, au travers des romans-photos, donne libre cours à des fantasmes que la vie réelle ne peut combler : « La vie réelle se trouve dans nos rêves », tel est le credo de ce personnage.

Satire du monde du roman-photo, *Le Cheik blanc* n'a toutefois pas la causticité que l'intrigue semble promettre au départ et qui était cependant indispensable. Fellini s'efforce de conjuguer satire et compassion à l'endroit de ses personnages mais son identification à Wanda, petite provinciale prisonnière de ses rêves, finit par émousser l'impact du film. Les critiques de l'époque n'ont pas manqué de souligner cette apparente hésitation. S'agit-il d'une romance baroque ou d'une satire sociale ? *Le Cheik blanc* reçut un accueil mitigé au Festival du film de Venise et le public ne réagit guère mieux. Certains critiques dénoncèrent le choix de Trieste dans le rôle d'Ivan

Scène des *Vitelloni* (1953)
Les « inutiles » passent leur temps à jouer de l'argent autour d'une table de billard.

« Rimini n'est pas seulement présente dans Les Vitelloni, La Strada, Amarcord ou Roma, mais même dans les films où l'on ne trouve aucune référence à ma ville natale, comme La Dolce Vita, Satyricon, Et vogue le navire ou Casanova, où l'action suppose toujours à l'arrière-plan la présence lointaine de la mer, comme un élément primordial, une ligne bleue qui se découpe contre le ciel et d'où arrivent les bateaux pirates, les Turcs, le Roi, les destroyers américains, avec Ginger Rogers et Fred Astaire qui dansent à l'ombre des canons. »

Federico Fellini [20]

Cavalli, plus connu comme auteur de scénarios, et de Sordi, dont la réputation restait à faire. Le grand acteur comique italien avait déjà tourné dans *Le Crime de Giovanni Episcopo* (*Il Delitto di Giovanni Episcopo*, 1947), d'après d'Annunzio, dont Fellini avait cosigné le scénario à l'époque où il travaillait pour la Lux.

Malgré le demi-échec qui accueillit sa sortie, *Le Cheik blanc* est aujourd'hui considéré comme un classique de la comédie italienne. Son charme indéniable est typique des premiers films de Fellini. Une scène en particulier annonce l'univers des *Vitelloni* ou *Inutiles* (*I Vitelloni*, 1953), son film suivant : celle où, bavardant avec une employée de la rédaction du magazine, Wanda évoque sa petite ville de province remplie, selon elle, « de gens vulgaires, de jeunes hommes sans conversation ». Autre satire douce écrite par Fellini, Pinelli et Flaiano, *Les Vitelloni* montre un groupe de jeunes gens désœuvrés qui vivent aux crochets de leurs parents. (Le mot est dérivé de « vudellone » ou « budellone », un terme d'argot qui signifie « boyau gras » et par extension « gros bide », « bon à rien qui ne songe qu'à se remplir la panse »). Les *vitelloni* mènent une existence morne dans une petite ville côtière. Ils annoncent par certains aspects *Les Mistons* (1958) de François Truffaut.

Le générique montre les cinq *vitelloni* déambulant dans les rues de la ville. L'intellectuel, Leopoldo (Leopoldo Trieste), est un auteur dramatique raté. Alberto (Alberto Sordi) joue le rôle d'un personnage efféminé qui vit avec sa sœur, laquelle a une liaison avec un homme marié. Ricardo (Ricardo Fellini) est un ténor talentueux.

CI-DESSUS
Scène des *Vitelloni* (1953)
Moraldo (Franco Interlenghi, à droite) et ses amis goûtent à l'art de vivre sur les terrasses de café.

DOUBLE PAGE SUIVANTE
Scène des *Vitelloni* (1953)
Les jeunes hommes sont prisonniers d'un univers familial et relationnel étouffant, qui conduit inexorablement à la stérilité intellectuelle.

Moraldo (Franco Interlenghi), le plus jeune du groupe, est un doux rêveur. Sa sœur Sandra (Eleonora Ruffo) vit une romance avec Fausto (Franco Fabrizi), don Juan invétéré, chef du groupe et « guide spirituel » bien peu crédible.

Au début du film, Sandra découvre qu'elle est enceinte de Fausto, qui, en apprenant la nouvelle, essaie aussitôt de fuir la ville. Mais son père le rattrape et le force à épouser la jeune femme. Pendant le voyage de noces, les autres *vitelloni* continuent à écumer la ville en quête de coups pendables et de bonnes fortunes féminines. Au retour des jeunes mariés, le beau-père de Fausto décroche pour son gendre un travail de garçon de courses dans un magasin de la ville. Mais le jeune homme ne tarde pas à renouer avec ses anciennes habitudes de coureur de jupons, et se fait licencier pour avoir tenté de séduire la femme du patron. Sandra a vent de son comportement, mais Moraldo sauve la réputation de son ami au prix d'un gros mensonge. Peu après, Sandra accouche. Fausto commet un énième faux pas, mais cette fois Moraldo ne peut rien pour son ami et Sandra décide de partir, son nourrisson sur les bras. Fausto la retrouve et l'assure qu'il va s'amender. Dans la dernière scène, on voit Moraldo quitter la ville au beau milieu de la nuit, en quête d'une vie meilleure : l'un des *vitelloni* a finalement quitté le nid.

C'est une aspiration récurrente des héros felliniens : les comédiens des *Feux du music-hall*, eux aussi rêvent de fuir la province pour gagner la grande ville. Et Moraldo représente Fellini, jeune provincial partant tenter sa chance à Rome.

CI-DESSUS
Scène des *Vitelloni* (1953)
Fellini utilisait les manifestations publiques
pour camper ses personnages et leurs relations.
Le film s'ouvre sur un concours de beauté
et sur la révélation de la grossesse de Sandra,
la gagnante.

CI-CONTRE
Scène des *Vitelloni* (1953)
Sandra (Eleonora Ruffo) épouse Fausto (Franco
Fabrizi), le père de son enfant. Elle est entourée
des *vitelloni*: Riccardo (Riccardo Fellini),
Moraldo et Leopoldo (Leopoldo Trieste).

Scène des *Vitelloni* (1953)
Alberto (Alberto Sordi) campe un clown triste, le seul participant du carnaval à être malheureux.

Fellini, narrateur des *vitelloni*, a pourtant insisté sur le fait que lui-même n'avait jamais été un *vitellone*. «J'ai connu de loin ces héros désœuvrés des cafés du bord de mer et j'ai tout inventé à leur sujet.» Le cadre dans lequel se déroule le film, une petite station balnéaire, fait d'ailleurs inévitablement songer à Rimini. La mer occupe une place centrale dans bon nombre de films du cinéaste italien, notamment *La Strada*, *Amarcord* ou *Et vogue le navire* (*E la Nave va*, 1983). La place déserte qu'on voit dans la première séquence, si marquante, et dans la scène qui suit le carnaval, est aussi une image récurrente. Les scènes collectives (le concours de beauté, le mariage et le carnaval) reviendront régulièrement dans les films du metteur en scène, souvent sous forme de fêtes en plein air. Les scènes de trains qui arrivent et qui partent constituent aussi des introductions ou des conclusions fréquentes chez Fellini.

Les Vitelloni traduit une évolution dans la maîtrise de l'art fellinien de la réalisation, de plus en plus élaboré. La maestria du cinéaste est impressionnante, comme en témoigne la série de gros plans sur Sandra au moment où celle-ci s'évanouit lors du concours de beauté. Pour la fin du film, il a recours à une succession de panoramiques qui montrent les *vitelloni* chez eux, observés depuis le train dans lequel le cinquième larron quitte la petite ville. On retrouve ce style de narration subjective dans les films ultérieurs du Maestro. Mais la réussite particulière

CI-DESSUS
Scène des *Vitelloni* (1953)
Bien que récemment marié avec Sandra, Fausto continue de lorgner les femmes (Arlette Sauvage, à gauche). Il sera plus tard le modèle fellinien du coureur de jupons.

CI-CONTRE
Sur le tournage des *Vitelloni* (1953)
Fellini (à droite) discute du script avec Jean Brochard (à gauche).

de Fellini dans *Les Vitelloni* réside surtout dans la mise au point d'un ton adéquat : son récit est à la fois comique, poignant et tragique. Fellini démontre également une grande maîtrise dans la direction des acteurs alors que sa distribution est pléthorique. Pour la première fois, il campe des personnages dotés d'une véritable consistance et non des caricatures, même si certains d'entre eux sont à peine esquissés (notamment Ricardo, interprété par son frère).

Les Vitelloni fut le premier film de Fellini distribué à l'étranger qui rencontrât un franc succès. Le film valut aussi au cinéaste sa première distinction, un des six Lions d'argent décernés au Festival de Venise cette année-là. Ce succès incita même Fellini à imaginer une suite : en 1954, il écrivit un script intitulé *Moraldo dans la ville* (*Moraldo in città*). Cette suite des aventures de Moraldo ne fut jamais tournée, mais on retrouve des épisodes de ce scénario dans des films ultérieurs. Notons enfin que le sujet des *vitelloni*, celui d'un groupe d'adolescents attardés qui se cramponnent à une existence sans contrainte, devait inspirer nombre de réalisateurs talentueux par la suite. On songe notamment à *Diner* (1982), de Barry Levinson, aux jeunes héros d'*American Graffiti* (1973) qui passent leur temps à sillonner les rues de leur ville en voiture, ou encore aux petits truands de *Mean Streets* (1973) de M. Scorsese, à l'affût de coups juteux. Immense succès en Italie, le film de Gabriele Muccino, *Le Dernier Baiser* (*L'Ultimo Bacio*, 2001), met là aussi en scène un groupe de personnages qui s'accrochent désespérément à leur jeunesse tout en essayant de gérer au mieux leurs relations amoureuses et leurs autres responsabilités.

Fellini dirigea ensuite un bref épisode de *L'Amour dans la ville* (*L'Amore in città*, 1953), film à sketches, écrit par Cesare Zavattini, un néoréaliste intransigeant. Ce dernier soulignait l'importance de la réalité dans le cinéma en déclarant notamment : « Il faut accepter sans conditions tout ce qui est contemporain. » Pour *L'Amour dans la ville*, conçu comme une enquête journalistique, Zavattini commanda six reportages sur la vie quotidienne dans l'Italie contemporaine, tournés dans le style néoréaliste en utilisant uniquement des acteurs non professionnels. Les autres cinéastes de *L'Amour dans la ville* furent A. Lattuada, M. Antonioni, Francesco Maselli, Dino Risi et Carlo Lizzani.

Dans le court métrage intitulé *Agence matrimoniale* (*Un'Agenzia matrimoniale*, 1953) l'histoire que narre Fellini puise à la même veine que *Le Cheik blanc*. Négligeant la consigne de Zavattini sur le réalisme sans concession du film, Fellini invente un personnage purement fictif. Ce dernier, journaliste de son état, se présente sous une fausse identité dans une de ces agences et prétend rechercher la compagne idéale pour le compte d'un ami épileptique qui se transforme en loup-garou la nuit. Mais le jour où une cliente de l'agence se déclare intéressée par le loup-garou, quelle réaction adopter ? S'agissant de la distribution, en revanche, Fellini suivit les instructions de Zavattini et il utilisa des étudiants d'une école de théâtre du Centre expérimental voisin de Cinecittà. Apport anecdotique à la filmographie de Fellini, ce court métrage d'une vingtaine de minutes est néanmoins le meilleur d'une série de films assez peu inspirés. C'est la première contribution du metteur en scène au genre du film à sketches. Il en tournera deux autres dans les années soixante. Le héros esseulé d'*Agence matrimoniale* préfigure d'autres solitaires, ceux d'*Il Bidone* (1955) et des *Nuits de Cabiria*, ou encore le journaliste qu'incarne Marcello Mastroianni dans *La Dolce Vita*. Son intrigue combinant ironique et fantastique traduit le rejet fellinien du néoréalisme. Le metteur en scène était désormais prêt à s'éloigner du mouvement qui avait exercé une telle influence sur ses premiers longs métrages pour s'attacher à développer son art cinématographique propre.

Scène des *Vitelloni* (1953)
Moraldo est un doux rêveur. Il n'a que faire des règles de la vie conjugale et provinciale. Il finit par quitter la station balnéaire, comme le fit autrefois Fellini.

Trois films de la Rédemption 1954–1957

Les trois chefs-d'œuvre du début des années cinquante, *La Strada*, *Il Bidone* et *Les Nuits de Cabiria*, souvent regroupés sous l'appellation « films de la Rédemption », traduisent l'évolution du réalisateur du néoréalisme vers une sorte d'individualisme fantastique. Contes de l'innocence trahie à la symbolique omniprésente, ils mettent en scène des personnages marginaux qui recherchent leur salut spirituel dans des lieux inattendus.

Fellini souhaitait tourner *La Strada* après *Le Cheik blanc*, mais un désaccord avec le producteur sur la distribution du film l'en avait empêché. Fable lyrique écrite en collaboration avec Pinelli, elle narre les aventures de Gelsomina (Giulietta Masina), fille de modestes cultivateurs vendue par sa famille à Zampano (Anthony Quinn), un hercule forain cruel et brutal. (Le personnage de Zampano s'inspire d'un châtreur de porcs, redoutable figure que Fellini avait croisée dans son enfance à Gambettola.) Gelsomina devient peu à peu l'assistante de Zampano pour le numéro de briseur de chaînes qu'il présente de ville en ville. Sur la route, Gelsomina apprend son métier de saltimbanque et finit par devenir une clownesse aguerrie. Elle s'efforce de bâtir une relation sentimentale épanouie avec Zampano, mais ce dernier en est incapable. Frustrée et désireuse de revoir les siens, elle finit par s'enfuir, mais il la rattrape et lui administre une correction. La violence compulsive de son compagnon se manifeste lors d'un autre épisode : le couple s'engage dans un cirque mais Zampano, à la suite d'une altercation avec le funambule de la troupe, surnommé le Fou (interprété par Richard Basehart), est arrêté et emprisonné. Zampano, à peine sorti de prison, s'en prend de nouveau à son adversaire et le tue au cours d'une bagarre à laquelle assiste Gelsomina. Bouleversée par ce drame, terrorisée par la brutalité de Zampano, la jeune femme se replie sur elle-même, sombre dans le délire et commence à dépérir. Zampano l'abandonne au bord d'une route. Cinq ans plus tard, il apprend la nouvelle de sa mort. Réalisant soudain la profondeur de ses sentiments pour elle, Zampano erre dans la nuit et s'effondre sur une grève, rongé par la solitude et les remords.

La Strada fut tourné à Viterbo, Begnoreggio et Ovindoli. Comme le suggère son titre, il relève à la fois du road-movie et du conte picaresque dans la veine du *Cri* (*Il Grido*, 1957) d'Antonioni. Le film préfigure aussi le voyage spirituel de *La Dolce Vita*. Fellini est attaché à ce type de construction picaresque dans lequel ses héros itinérants découvrent des modes de vie et des systèmes de valeur différents des leurs. Ses films ultérieurs reprendront le rythme de *La Strada*, qui alterne scènes animées et pauses dramatiques,

PAGE CI-CONTRE
Scène des *Nuits de Cabiria* (1957)
Cabiria (Giulietta Masina), la prostituée romaine, au moment de sa transformation.

DOUBLE PAGE SUIVANTE
Scène de *La Strada* (1954)
Zampano (Anthony Quinn) est un hercule forain cruel et brutal.

« *Tous mes films tournent autour d'une idée. Il y a un effort pour montrer un monde sans amour, des personnages pleins d'égoïsme, et au milieu de tout cela, il y a toujours – surtout dans les films avec Giulietta – une petite créature qui veut donner de l'amour et qui vit pour l'amour.* »

Federico Fellini [21]

épisodes de jour et séquences nocturnes. Délaissant la critique sociale qui a fait les beaux jours du néoréalisme, *La Strada* est un drame humain universel qui s'efforce de mettre en lumière ce que Fellini a appelé «l'expérience de la vie commune entre deux êtres humains». Conte de fées sur la solitude et la violence des rapports entre les sexes, il reprend aussi la thématique de *La Belle et la Bête*. Il se fait enfin l'écho de valeurs chrétiennes traditionnelles, surtout dans la relation entre le fruste Zampano et Gelsomina, «femme de bonne volonté» qui s'efforce d'apprendre à son compagnon à dompter son tempérament volcanique.

Fellini a qualifié *La Strada* de «catalogue de [sa] mythologie personnelle». L'imagerie déclinée dans le film est à la fois âpre et souvent paradoxale: ainsi, Zampano se libère de ses chaînes mais réduit Gelsomina à l'esclavage. Une symbolique chrétienne filtre également: Giulietta Masina incarne une figure angélique, religieuse. Dans une scène, elle est filmée devant une affiche qui proclame «Madone immaculée». Le Fou est présenté comme un personnage christique et on le voit en train d'enseigner une parabole à Gelsomina. Cette analogie est encore accentuée par l'expression candide de Basehart. (Dans *Il Bidone*, où il interprète le personnage de «Picasso», Fellini lui fait dire: «Je ressemble à un ange.») Les critiques ont longtemps débattu de la représentation de la trinité dans le film: le Fou représenterait «l'esprit», Zampano, le «corps», et Gelsomina «l'âme».

Fellini s'est une nouvelle fois opposé aux producteurs au sujet de l'attribution des rôles principaux. Pour le rôle de Zampano, on avait songé à Burt Lancaster, qui avait été artiste de cirque. On lui a finalement préféré Quinn, que son succès dans *Viva Zapata!* (1952), d'Elia Kazan, et *La Vie passionnée de Vincent Van Gogh* (*Lust for Life*, 1956), de Vincente Minnelli, avait rendu très populaire. Quinn incarnera par la suite une foule de personnages à la virilité fruste et taciturne, mais ses rôles ultérieurs n'auront plus cette qualité sauvage, cette opacité particulière au personnage de Zampano. Si la composition de Quinn fut universellement louée, c'est Giulietta Masina qui récolta les critiques les plus élogieuses.

Elle avait obtenu un rôle de premier plan dans *Femmes damnées* (*Donne proibite*, 1953) aux côtés de Quinn et Basehart. Mais les producteurs ont renâclé devant le choix de Masina: ils estimaient l'actrice, alors âgée de 33 ans, trop vieille pour le rôle. En fait, dans le film, Masina n'a pas d'âge et son allure générale est assez asexuée: avec son chapeau melon, ses tenues miteuses et son impressionnante agilité physique, elle rappelle des personnages comme Charlie Chaplin ou Jacques Tati. Le vagabond de Chaplin et la clownesse de Fellini ont un répertoire gestuel commun: tous deux ressuscitent le clown blanc, l'auguste de la tradition du cirque européen. Gelsomina s'inspire aussi de *Happy Hooligan*, une bande dessinée de l'époque. Comme tant d'autres personnages de Fellini, elle est née dans son carnet de croquis.

Le film obtint un très grand succès en Italie (le Festival de Venise lui décerna un Lion d'argent) et la musique de Nino Rota connut un triomphe retentissant. À Hollywood, l'oscar du meilleur film étranger devait apporter à Fellini et Masina une consécration internationale. Le film qui reçut plus de cinquante distinctions internationales fut même transposé en ballet. De tous les personnages forgés par le Maestro, Gelsomina reste, aujourd'hui encore, le préféré du public. La performance de Giulietta Masina fut si éblouissante que les producteurs exigèrent une suite. Les fabricants de poupées et de bonbons voulurent acheter les droits d'exploitation du personnage et il fut même question de créer un dessin animé. Mais Fellini opposa un refus intraitable à tous ces projets.

CI-DESSUS
Scène de *La Strada* (1954)
Bien que Gelsomina (Giulietta Masina) soit malmenée par son existence itinérante, sa force intérieure lui apporte la sérénité.

PAGE CI-CONTRE
Scène de *La Strada* (1954)
Gelsomina incarne un clown malicieux et ingénu.

«*Giulietta [Masina] a la légèreté d'un fantôme, d'un rêve, d'une idée. Elle possède les mouvements, les capacités expressives et les cadences d'un clown.*»

Federico Fellini [20]

Scène de *La Strada* (1954)
Zampano brise des chaînes dans les fêtes foraines, mais garde Gelsomina enchaînée.

Scène de *La Strada* (1954)
Craintive, Gelsomina ne parvient pas à se plaindre ouvertement et se contente de faire la moue.

Sur le tournage de *La Strada* (1954)
Giulietta Masina reste dans son rôle tandis que
Federico Fellini ajuste son costume et lui donne
les dernières consignes de gestuelle.

Sur le tournage de *La Strada* (1954)
Giulietta Masina entre les mains du maquilleur.

CI-DESSUS
Scène de *La Strada* (1954)
La vie de forain itinérant vous met parfois à rude épreuve, que ce soit sur une piste de cirque…

CI-CONTRE
Scène de *La Strada* (1954)
… ou lors d'un mariage champêtre.

CI-DESSUS
Scène de *La strada* **(1954)**
Le funambule dit « le Fou » (Richard Basehart) a la tête dans les nuages.

CI-CONTRE
Scène de *La strada* **(1954)**
Mais le Fou est aussi un poète et un rêveur. Il montre à Gelsomina combien la vie serait belle si elle parvenait à briser ses chaînes et se libérait de Zampano.

DOUBLE PAGE SUIVANTE
Sur le tournage de *La strada* **(1954)**
Richard Basehart est le premier d'une longue série d'acteurs internationaux à faire honneur au cinéma de Fellini.

Scène de *La Strada* (1954)
Rendu furieux par ses railleries, Zampano
agresse le Fou et le tue accidentellement.

Scène de *La Strada* (1954)
Gelsomina ne s'est jamais remise de la mort du Fou et erre seule à travers le pays. Quelques années plus tard, lorsque Zampano apprend la mort de la jeune femme, il redevient humain et éprouve de la peine pour la première fois.

Pourtant ce triomphe ne facilita pas la recherche de financements pour *Il Bidone*, son projet suivant. Après *La Strada*, tous les producteurs réclamaient Gelsomina. Mais Fellini rejeta l'option lucrative qui aurait consisté à réemployer ses personnages. Pour *Il Bidone*, il choisit encore des personnages du dernier échelon de l'échelle sociale. Tourné entre mai et juillet 1955, *Il Bidone* (littéralement, « la grosse arnaque ») met en scène une bande de filous de très petite envergure qui rappellent l'escroc de *La Strada*.

L'action d'*Il Bidone* se déroule sur cinq jours. Une fois de plus, on retrouve trois personnages principaux, Augusto (Broderick Crawford), Picasso (Basehart) et Roberto (Franco Fabrizi), un trio d'escrocs qui multiplient sans vergogne les combines minables pour dépouiller de pauvres villageois de leurs économies. Dans une séquence, on les voit, déguisés en prêtres, racketter leurs victimes pour, prétendent-ils, faire dire des messes pour le salut des âmes défuntes. Une autre scène les montre extorquant des acomptes à de miséreux occupants de taudis en leur faisant miroiter un emménagement dans des appartements modernes. Le trio vit sur la corde raide, un peu à l'image du Fou de *La Strada*. Un jour ou l'autre, de toute évidence, l'un d'eux se fera prendre. Et ce jour arrive : Augusto est reconnu par un homme à qui, six mois auparavant, il a vendu de faux antibiotiques. Le *bidonista* est arrêté et jeté en prison. Mais, quand il est libéré, loin de rompre avec ses anciennes habitudes, il s'empresse de trouver de nouveaux partenaires pour renouer avec son existence antérieure. Jusqu'au jour où il essaie de rouler ses deux associés qui le rouent de coups pour le punir. Dans sa fuite, Augusto chute dans un ravin et se brise la colonne vertébrale. À l'heure de l'agonie et de l'ultime bilan, après une vie passée à duper les autres, Augusto réalise que c'est d'abord et avant tout lui-même qu'il a floué.

Si les *bidonisti*, ces arnaqueurs à la petite semaine nous rappellent les *vitelloni*, ce n'est pas seulement à cause de la réapparition de Fabrizi. Les trois escrocs sont eux aussi des gamins attardés cherchant à fuir la réalité. Comme les *vitelloni*, ils chassent les femmes en bande et promènent leur ivresse autour de places désertes – dans les deux films, c'est Fabrizi qui collectionne les conquêtes.

Leur sens de la meute leur commande de se doter d'un chef. Si Fausto était le guide spirituel des *vitelloni*, Augusto est le grand-père spirituel des *bidonisti*. Ces filous partagent aussi des ambitions plus élevées : « Picasso » voudrait devenir un peintre célèbre et Roberto caresse l'espoir de devenir un grand chanteur, comme Leopoldo voulait devenir un auteur de pièces à succès. (Les personnages de Fellini aspirent à gravir l'échelle sociale, à l'instar d'Ivan qui veut devenir secrétaire de mairie, ou encore Marcello Rubini qui aspire à devenir un romancier reconnu.)

Broderick Crawford, qui était resté jusque là cantonné aux films policiers américains, fut repéré par Fellini dans *Les Fous du roi* (*All the King's Men*, 1949). Comme toujours avec le Maestro, c'est le visage de Crawford qui lui a valu d'obtenir le rôle. Les visages étaient pour Fellini les paysages humains de ses films. Mais Crawford avait une réputation bien méritée d'alcoolique et il traversa le tournage en état quasi permanent d'ébriété avancée, ce qui ne l'empêcha nullement de réussir une formidable prouesse : le personnage de petit délinquant minable et à bout de souffle qu'il compose est sans conteste le point fort du film.

Augusto est un criminel, c'est-à-dire, selon Fellini, tout autant une victime. Le cinéaste sollicite la sympathie du spectateur dans une série de scènes clés où la caméra s'éloigne d'Augusto pour mieux souligner sa solitude dans certaines

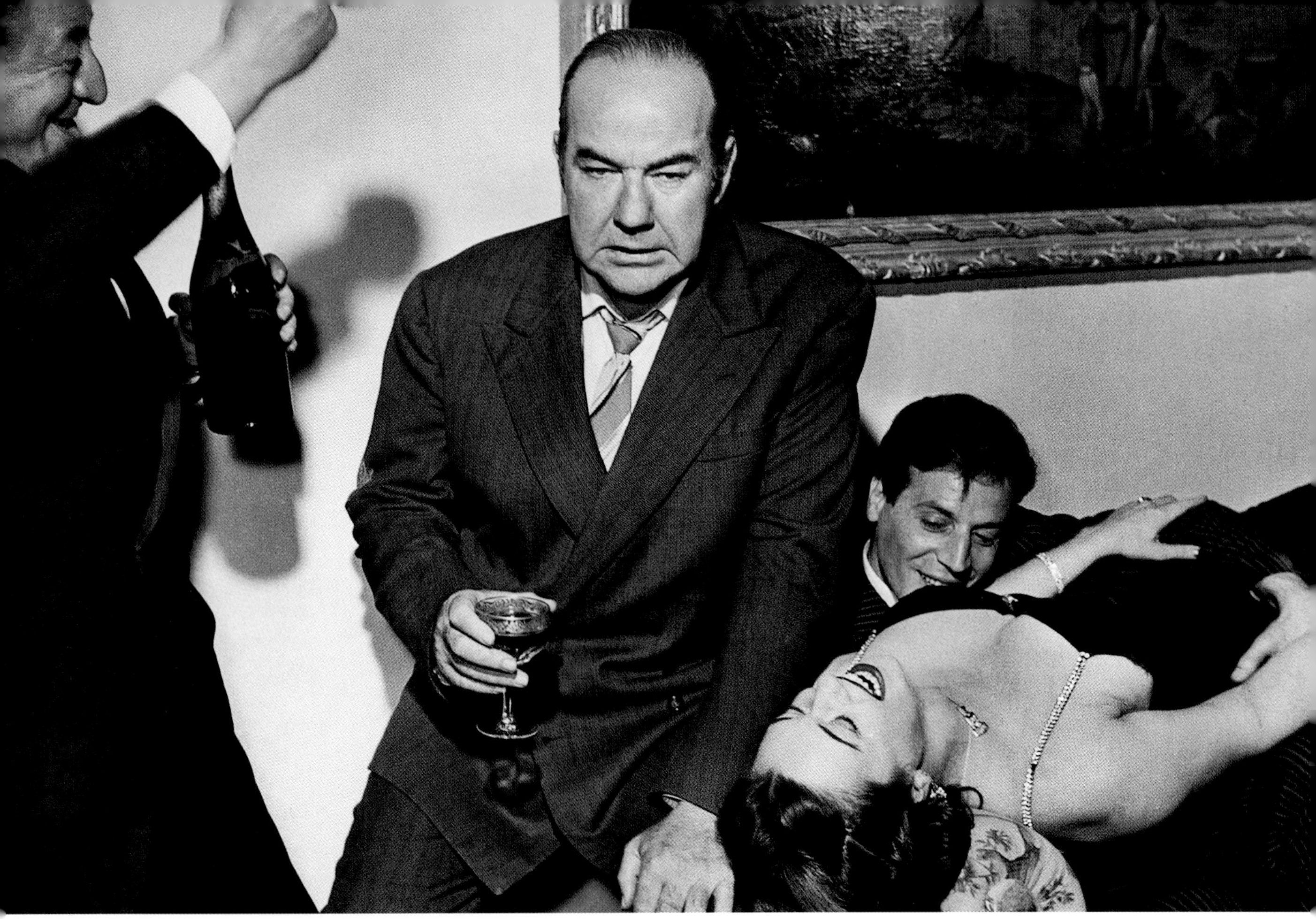

CI-DESSUS
Scène d'*Il Bidone* (1955)
Augusto (Broderick Crawford) propose ses services à un escroc, mais se voit recalé. Il se sépare de sa femme et de sa fille pour mieux se consacrer à son travail. On comprend que ses heures de gloire appartiennent définitivement au passé.

CI-CONTRE
Scène d'*Il Bidone* (1955)
Iris (Giulietta Masina) découvre que son mari Picasso (Richard Basehart) gagne sa vie en dépossédant les pauvres de leur maigres économies.

Scène d'*Il Bidone* (1955)
Augusto rencontre par hasard sa fille Patrizia (Lorella De Luca), qu'il avait quittée en même temps que sa femme, et s'engage à lui payer ses études universitaires.

situations. Aux côtés de Crawford et de Fabrizi, Fellini réengagea Basehart, qui résidait à Rome depuis son apparition dans *La Strada*. Masina apparaît aussi dans le film, sous les traits d'Iris, la femme de «Picasso». Elle est l'une des trois innocentes, les doubles positifs des trois escrocs (avec la fille d'Augusto et l'infirme qu'il rencontre dans la séquence finale).

Fellini fut contraint de pratiquer des coupes substantielles dans *Il Bidone* pour la première du film à Venise. Il travailla nuit et jour avec deux équipes de montage pour lui donner une forme aussi satisfaisante que possible. Mais si l'année précédente, Fellini avait été le héros du festival, en 1954, il fit piètre figure : *Il Bidone*, froidement accueilli, fut éclipsé par *Femmes entre elles* (*Le Amiche*, 1955) d'Antonioni et *Ordet* de Dreyer (1954). Le film fut jugé redondant par rapport aux précédents et dénué de la résonance émotionnelle qui caractérise ces derniers. De nouvelles coupes furent effectuées avant la distribution en salle. Mais la version finale était

Scène d'*Il Bidone* (1955)
Tandis que Susanna (Sue Ellen Blake), la jeune handicapée, affiche une foi totale en Augusto, déguisé en prêtre, le spectateur pense que l'escroc sera pris de remords.

Scène d'*Il Bidone* (1955)
Augusto et Picasso se font passer pour des prêtres. Au fil des jours et des escroqueries, Augusto est déstabilisé par une profonde crise de conscience.

Scène d'*Il Bidone* (1955)
Augusto est laissé pour mort après avoir trahi ses acolytes. Il expire à quelques pas d'une procession religieuse, en prononçant ses paroles : « Je viens avec vous », allusion à sa rédemption finale.

> « J'ai toujours été profondément ému par le clochard, le clown, le vagabond en haillons, qui jouent le rôle de l'orphelin ou de la victime innocente. »
>
> Federico Fellini [21]

CI-DESSUS
Scène des *Nuits de Cabiria* (1957)
Cabiria est une prostituée qui attire les hommes davantage par sa vitalité que pour le sexe.

PAGE CI-CONTRE
Scène des *Nuits de Cabiria* (1957)
Après avoir été dépouillée puis jetée à la mer, Cabiria s'écarte du droit chemin.

PAGE 66
Scène des *Nuits de Cabiria* (1957)
Sous l'empire d'un hypnotiseur (Aldo Silvani, à droite), Cabiria révèle sa nature crédule et romantique.

PAGE 67
Scène des *Nuits de Cabiria* (1957)
Cabiria affiche une foi candide et inébranlable en l'univers, qui constitue en quelque sorte une extension de ses croyances religieuses.

bancale et malgré les réductions, elle continue à pâtir de répétitions et de longueurs. *Il Bidone* fit un four en Italie et ne fut distribué aux États-Unis que dans les années soixante.

L'échec cuisant du film compliqua beaucoup la recherche de financements pour *Les Nuits de Cabiria*, autre film écrit pour Giulietta Masina. (Le personnage de Cabiria, prostituée romaine au moral d'acier, avait déjà fait une apparition fugace dans *Le Cheik blanc*.) L'idée d'un film centré sur l'existence d'une prostituée effarouchait la plupart des producteurs à qui Fellini exposa son projet. Ce thème était d'autant plus brûlant qu'une proposition de loi en faveur de la fermeture des maisons closes agitait l'opinion. Finalement, Dino de Laurentiis offrit au cinéaste un contrat très avantageux pour réaliser *Les Nuits de Cabiria*. Dès qu'il obtint le feu vert des financiers, le cinéaste se lança dans son projet, commençant par une enquête approfondie sur la condition des prostituées des faubourgs de Rome. Pier Paolo Pasolini, jeune auteur déjà rendu célèbre par un premier roman, *Les Raggazzi*, l'accompagna dans son entreprise. Poète des bas-fonds romains, Pasolini apporta sa touche au scénario, en prêtant une attention particulière à l'argot des prostituées.

Dans la première séquence du film, on voit Cabiria danser gaiement au bord de la mer avec son amant Giorgio qui, alors qu'elle s'arrête pour savourer ce moment, la pousse à l'eau et s'enfuit avec son sac à main. Repêchée par un groupe de gamins, Cabiria, furieuse, retourne dans sa petite baraque sur la route d'Ostie. Elle prend une résolution : on ne la prendra plus à s'enticher du premier venu. À la nuit tombée, elle reprend sa place sur la Passeggiata Archeologica où les prostituées du secteur font le trottoir. Après une dispute avec une consœur d'âge mûr, elle décide d'aller se promener du côté de la via Veneto où elle fait une rencontre aussi inattendue que fascinante en la personne d'Alberto Lazarri (interprété par Amedeo Nazzari, une ex-idole du public féminin), qui vient de rompre avec sa petite amie. Lazarri invite Cabiria, médusée, à dîner chez lui. Mais voilà que la fiancée de Lazarri revient inopinément faire la paix avec l'acteur, contraignant la petite prostituée à se cacher dans un placard d'où elle épie leurs ébats par le trou de la serrure, ce qui la renvoie à sa condition de spectatrice fascinée d'un univers inaccessible.

Après cet intermède fantastique, Cabiria retrouve « son » monde. Elle prend part à une procession religieuse puis assiste à un spectacle de music-hall, où un hypnotiseur (Aldo Silvani, le directeur de cirque dans *La Strada*) l'invite à monter sur scène, la met en état de transe et la fait parler. Cabiria, sans défense, se livre ingénument, révélant l'étendue de sa crédulité. Après le spectacle, elle rencontre Oscar (François Périer), un étranger qui a assisté à la scène d'hypnotisme. Cabiria tombe amoureuse d'Oscar qui lui propose le mariage. Elle accepte de vendre sa maison et de lui confier ses économies. Lors d'une promenade avec son nouveau fiancé dans les environs de Rome, elle comprend qu'Oscar, exactement comme Giorgio avant lui, ne songe qu'à la dépouiller de ses économies. Cabiria, revenue à la case départ, est accablée de tristesse. Pourtant, une rencontre avec un groupe de jeunes défilant au rythme d'une joyeuse sarabande ramène un sourire sur son visage. Sa joie de vivre semble inaltérable.

Cabiria est un peu la sœur déchue de Gelsomina. Toutes deux sont des figures chaplinesques et des personnages qui rappellent la commedia dell'arte. Mais ce sont aussi des victimes du destin – quoique situées à des pôles émotionnels opposés : Cabiria, mélancolique et maltraitée, est douée d'une énergie intarissable. Farouchement indépendante, elle refuse en outre de travailler pour le compte d'un proxénète. À l'inverse de Cabiria, qui n'hésite pas une seconde à brûler les effets de son ex-amant,

CI-DESSUS
Scène des *Nuits de Cabiria* (1957)
Oscar D'Onofrio (François Périer) demande à Cabiria de l'épouser et lui avoue son amour inextinguible. Après avoir vendu son cabanon pour partir avec Oscar, elle se voit dépouiller de ses biens par ce dernier.

PAGE CI-CONTRE
Sur le tournage des *Nuits de Cabiria* (1957)
Giulietta serre Fellini dans ses bras juste après l'émouvante scène de la falaise.

PAGE 70
Scène des *Nuits de Cabiria* (1957)
Cabiria vit dans un environnement miteux…

PAGE 71
Scène des *Nuits de Cabiria* (1957)
… qui contraste avec sa nature généreuse.

Gelsomina menace seulement de brûler ceux de Zampano tout en se gardant bien de le faire. Leur endurance et leur optimisme rapprochent, en revanche, ces deux personnages féminins.

Une même thématique chrétienne se retrouve dans les deux films. De retour de chez Lazarri, où elle a passé la nuit, Cabiria rencontre un homme mystérieux qui distribue de la nourriture aux sans-abri. Ce personnage, « l'homme au sac », comprenant la solitude de Cabiria, joue le rôle d'un confesseur à l'égard de la jeune femme. À l'époque où le film est sorti, cette séquence, inspirée d'une rencontre de Fellini avec un philanthrope réel, a été coupée. La représentation d'un homme apparemment laïque en modèle de charité avait soulevé un tollé. D'autant plus que, dans une scène proche, Cabiria assiste à une cérémonie religieuse, expérience – à l'inverse – plutôt effrayante voire accablante.

Giulietta Masina porte le film du début à la fin : ce fut un rôle écrasant, Cabiria étant présente dans presque toutes les scènes. L'extraordinaire composition de l'actrice fut couronnée par le Prix de la meilleure actrice au Festival de Cannes de 1956. La réputation du film conquit bientôt les États-Unis où il remporta un oscar du meilleur film étranger. Lors de la sortie des *Nuits de Cabiria*, *La Strada* fut encore projeté dans certaines salles américaines si bien que les deux films se trouvèrent en concurrence ! En 1965, *Les Nuits de Cabiria* devait fournir l'argument de *Sweet Charity*, une comédie musicale qui fut donnée à Broadway avant d'être adaptée pour le grand écran en 1968.

Un cinéaste mondialement reconnu 1958–1963

Le cycle dit de la «Rédemption» reflète l'influence profonde du néoréalisme sur Fellini et son éloignement progressif de ce mouvement. Dans la décennie suivante, l'observateur «objectif» céda la place au rêveur introspectif. Ses films se firent de plus en plus personnels dans leur sujet et extravagants dans leur style. Après 1956, celui qui n'était encore qu'un cinéaste de renom accéda au rang de star internationale.

Après la sortie des *Nuits de Cabiria*, Fellini se consacra à la rédaction d'un scénario, *Fortunella* (1958), pour son confrère Eduardo De Filippo et il songea à transposer au cinéma les *Mémoires de Casanova* – un projet qu'il devait reprendre beaucoup plus tard. Il fut aussi question de *Moraldo dans la ville*. Il renonça à ces deux idées, mais Moraldo inspira le personnage de Marcello dans *La Dolce Vita* (1960), écrit en collaboration avec Pinelli, Flaiano et Brunello Rondi. Description virtuose de la décadence et de la dépravation généralement associée aux péplums de Cecil B. DeMille, *La Dolce Vita* raconte, sur le ton de la satire, l'histoire d'un jeune homme qui monte de la province à Rome pour faire carrière dans le journalisme. Durant un tournage en Totalscope de près de six mois, Fellini engrangea cinquante-six heures de pellicules! *La Dolce Vita*, qui sortit en 1960, dura finalement près de trois heures. Le film confortait l'immense aura internationale de Fellini.

Dans *Il Bidone* et *Les Nuits de Cabiria*, le cinéaste abordait le thème de la renaissance. *La Dolce Vita* examine la question sous l'angle d'une régénération collective. Dans l'époustouflante scène initiale, on voit un hélicoptère emporter dans le ciel une statue du Christ, les bras ouverts, en train d'observer la cité qui s'étend au-dessous de lui. L'action du film se déroule à Rome et montre sept jours et sept nuits de la vie d'un fêtard, Marcello Rubini, chroniqueur cynique et désabusé interprété par Marcello Mastroianni. Pour obtenir les meilleurs scoops, Marcello passe son temps dans les cafés et les bars de la via Veneto, l'artère prestigieuse où se retrouve la jet set de la capitale italienne. Las de son métier et tourmenté par son ambition de devenir un authentique écrivain, Marcello accumule les conquêtes pour chasser son ennui et ses frustrations. C'est ainsi qu'il drague l'héritière Maddalena (Anouk Aimée) dans une boîte de nuit avant de l'entraîner dans un appartement prêté par une prostituée.

Mais Marcello peine plus encore à «gérer» ses différentes compagnes que les contraintes de sa profession. C'est ainsi qu'en regagnant son domicile,

Scène de *La Dolce Vita* (1960)
Sylvia (Anita Ekberg) incarne une sexualité pure et desinhibée qui contraste avec la stérilité intellectuelle de Marcello.

« Il me semble que la décadence est indispensable à la renaissance. »

Federico Fellini [21]

Scène de *La Dolce Vita* (1960)
La figure du Christ transportée au-dessus
de la Ville éternelle dans la scène d'ouverture
préfigure le caractère impie du film.
Symboliquement, Marcello Rubini a pris place
dans l'hélicoptère.

CI-DESSUS
Scène de *La Dolce Vita* (1960)
Le lieu d'un faux miracle est transformé
en arène médiatique. Les icônes et les rituels
religieux se révèlent insignifiants aux yeux
des habitants de la Rome moderne.

PAGE 76
Sur le tournage de *La Dolce Vita* (1960)
Federico Fellini montre à Anita Ekberg comment
descendre d'un avion à la manière d'une star.

PAGE 77
Scène de *La Dolce Vita* (1960)
Partout où elle va, Sylvia est assaillie
par une horde de journalistes.

il découvre, consterné, que sa maîtresse attitrée, s'estimant rejetée, a tenté de se suicider. Une tentative ratée, mais la pauvre femme, dans un état semi-comateux, doit être transportée aux urgences. Après l'avoir déposée à l'hôpital, Marcello repère une véritable bombe sexuelle, une actrice du nom de Sylvia (Anita Ekberg). Après avoir assisté à la conférence de presse donnée par cette époustouflante créature blonde, il se laisse entraîner par la jeune femme dans une promenade nocturne qui s'achève par un baiser dans la fontaine de Trevi et une rixe avec le fiancé de Sylvia à l'hôtel de celle-ci. Cette mémorable promenade sera suivie par d'autres. On voit aussi Marcello assister à une réunion d'intellectuels organisée par son ami Steiner et effectuer un reportage dans la petite ville de Terni sur un prétendu miracle religieux. Il dîne ensuite avec son père avant de gagner une villa de la banlieue de Rome où un aristocrate donne une fête. Le lendemain, il prend part à une orgie organisée dans la maison d'un producteur. Marcello, qui préside cette fête bondée de célébrités, y observe notamment la séance d'effeuillage à laquelle se livre une femme récemment divorcée. On apprend un peu plus tard que Steiner s'est donné la mort après avoir supprimé ses deux enfants. Alors que le jour se lève, Marcello, l'air las et les yeux cernés, part en direction de la plage où il est confronté à deux images symboliques : d'abord, un monstre marin échoué sur le sable, qui lui renvoie le reflet de sa propre déchéance puis, à quelque distance de là, Paola, une jeune femme qui représente la pureté et l'innocence. Il essaie de communiquer avec elle mais ne parvient pas à se faire entendre. Et comme Zampano dans *La Strada*, il reste seul, abandonné sur la plage.

La Dolce Vita a projeté Mastroianni et Ekberg au rang de stars internationales. Le premier producteur du film, Dino de Laurentiis, avait suggéré Paul Newman dans le rôle du journaliste, mais Fellini avait refusé en arguant que Newman était plutôt le genre de star que Marcello traquerait sur la via Veneto. Il pensait à Mastroianni, comédien de théâtre encore peu connu qu'il avait rencontré en 1948, lorsque ce dernier avait tourné aux côtés de Masina dans *Angelica*, une production de Leo Ferrero. Avant *La Dolce Vita*, Mastroianni avait eu un rôle important dans *Nuits blanches* (*Le Notti bianche*, 1957) de Visconti. Son interprétation de Marcello fut accueillie par une critique unanimement élogieuse et le public suivit. Mastroianni devint rapidement « Il Bel Marcello » pour tous les Italiens et, dès la sortie de *Divorce à l'italienne* (*Divorzio all'italiana*, 1961), le plus célèbre acteur italien à l'étranger. L'acteur incarnait l'alter ego cinématographique de Fellini et sa connivence professionnelle avec le réalisateur devait égaler celle qu'entretenaient Truffaut et Léaud, en France. D'ailleurs, la profession de Mastroianni dans *La Dolce Vita* – journaliste – rappelle le métier qu'exerça Fellini les premiers temps de sa vie à Rome.

Anita Ekberg, quant à elle, n'était qu'une ancienne Miss Suède avant de symboliser pour la postérité le type même de la créature qui faisait fantasmer le Maestro. Il l'avait découverte dans la revue *Tempo illustrato* où on la voyait (déjà) danser dans la fontaine de Trevi. Elle avait aussi tourné dans *Guerre et Paix* (*War and Peace*) de King Vidor, avec Audrey Hepburn et Henry Fonda. Le film, réalisé à Rome, était sorti en 1956. Si elle devait reparaître dans plusieurs films ultérieurs de Fellini, le souvenir de Ekberg reste pour toujours associé à son apparition dans *La Dolce Vita*. Dans une conversation avec Giovanni Grazzini, Fellini lui-même remarquait : « Vingt-cinq ans après le film, son titre, son image restent toujours indissociables d'Anita. »[9]

Scène de *La Dolce Vita* (1960)
Sylvia fête la sortie de son nouveau film au nightclub de Caracalla.

CI-DESSUS
Sur le tournage de *La Dolce Vita* (1960)
C'est dans la célèbre scène de la fontaîne Trevi que Marcello comprend que Sylvia est la personne la plus pure qu'il lui ait été donné de rencontrer.

CI-CONTRE
Sur le tournage de *La Dolce Vita* (1960)
Fellini aide Anita Ekberg à sortir de la fontaine de Trevi.

CI-DESSUS
Scène de *La Dolce Vita* **(1960)**
Marcello Rubini (Marcello Mastroianni) et Sylvia sont assiégés par les paparazzi. Les stars du cinéma, comme d'autres célébrités, sont devenues les nouveaux dieux de la Ville éternelle.

CI-CONTRE
Sur le tournage de *La Dolce Vita* **(1960)**
Fellini observe Anita Ekberg en train de jouer avec un chaton.

Fellini consacra l'été 1958 à enquêter sur l'univers qu'il dépeint dans *La Dolce Vita*. Il devint un habitué des cafés qui bordent la via Veneto, apprenant les trucs du métier de Paparazzo (surnom du célèbre photographe de l'époque qui a donné son nom aux chasseurs d'images courtisés par les magazines «people») auprès des reporters qui écumaient le secteur. Une anecdote résume Fellini: plutôt que de tourner en extérieur, il préféra recréer la via Veneto dans un studio de Cinecittà. Le cinéaste demanda donc au décorateur Piero Gherardi de reconstituer la quasi-totalité de l'avenue romaine dans le studio n° 5. Devant l'ampleur du dépassement de budget qu'entraînait cette exigence, le producteur riposta en sommant Fellini de renoncer à son pourcentage sur les recettes. Ce dernier préféra céder plutôt que d'abandonner son idée. Cette via Veneto «bis» était l'exacte réplique de l'originale – à ceci près qu'elle était plane alors que la via Veneto obéit à une légère déclivité.

Comment allait être reçu le film à sa sortie? Impossible de le prévoir… Le public s'était progressivement familiarisé avec le film avant même sa sortie, baptisant «dolce vita» les pulls à cols roulés qu'affectionnaient ses vedettes. Aujourd'hui encore, les monuments locaux, tels la fontaine de Trevi, continuent d'attirer des visiteurs du monde entier pour qui de tels sites sont à jamais inséparables du film et de ses stars. À la mort de Mastroianni, en 1996, la fontaine fut drapée de noir et son éclairage coupé en hommage à l'acteur qui avait tant contribué à sa popularité.

Le film devint un sujet controversé dans toute l'Italie. Les leaders d'opinion, autorités religieuses et intellectuels de tous bords furent sommés de prendre position: *La Dolce Vita* (La Douceur de vivre) était-il un film immoral? La presse et l'Église catholique réagirent rapidement, la seconde taxant le film de «pornographique» et la première le surnommant «la dégoûtante vie». Fellini reçut des menaces de milieux catholiques intégristes et il fut même menacé d'excommunication de même que tous ceux qui allèrent voir le film. Ses censeurs les plus exaltés allèrent jusqu'à réclamer l'arrestation du cinéaste pour outrage aux bonnes mœurs! Après une projection à Milan, un spectateur cracha au visage du metteur en scène. Sa propre mère déclara qu'elle ne comprenait pas pourquoi il avait réalisé ce film. Des réactions aussi véhémentes contribuèrent, comme on l'imagine, à faire de *La Dolce Vita* un triomphe commercial sans précédent: le film battit tous les records de fréquentation, en tout cas en Italie. Ce succès financier permit à Fellini de monter sa propre maison de production, la Federiz. L'accueil de la critique fut, lui aussi, dithyrambique et Fellini, après avoir obtenu la Palme d'or à Cannes, fut le premier cinéaste étranger à être nominé par le gratin d'Hollywood dans la catégorie du meilleur metteur en scène. Fellini ne remporta pas l'oscar cette année-là, mais Piero Gherardi décrocha celui des meilleurs costumes.

Scène de *La Dolce Vita* (1960)
Nadia (Nadia Gray) fête son divorce en s'effeuillant devant ses amis.

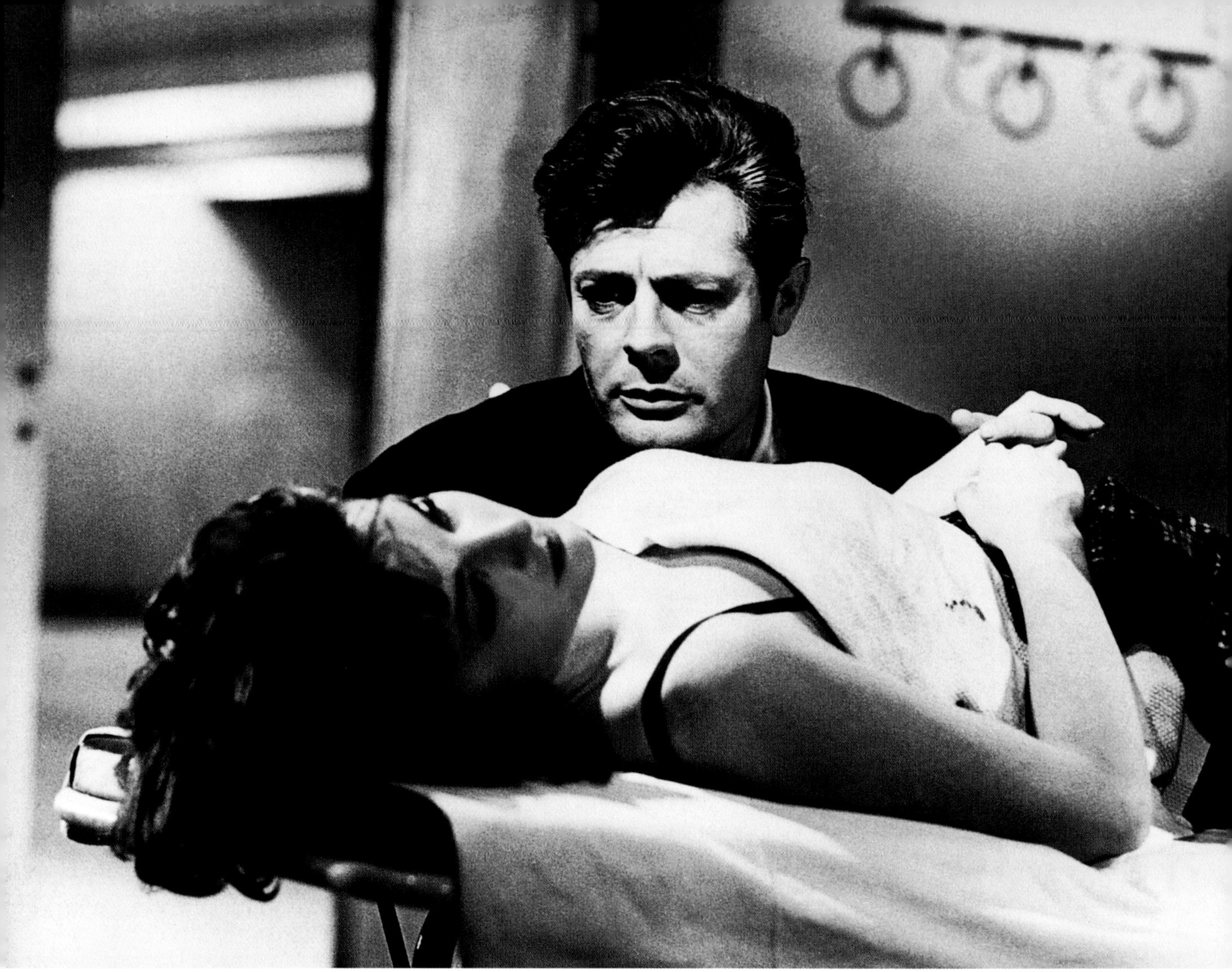

CI-DESSUS
Scène de *La Dolce Vita* (1960)
Marcello fait l'amour avec son héritière Maddalena, tandis que sa petite amie Emma (Yvonne Fourneaux), jalouse, tente de mettre fin à ses jours.

CI-CONTRE
Scène de *La Dolce Vita* (1960)
Le luxe ostentatoire qui entoure les personnages – voitures de sport, soirées branchées, villas, fourrures – n'est là que pour leur faire oublier leur vide affectif. Ils tentent ainsi de nier leurs angoisses et leur aliénation.

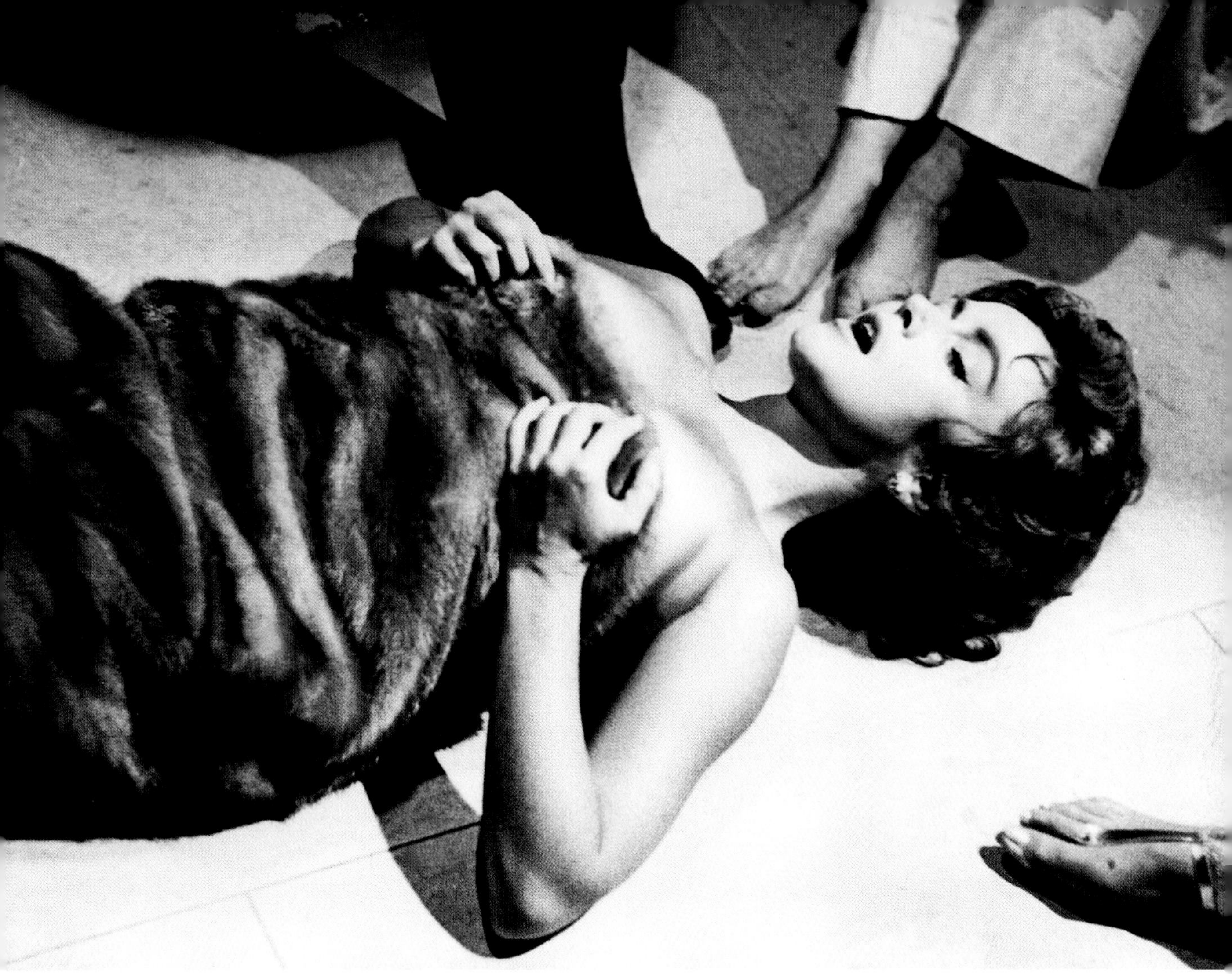

CI-DESSUS
Scène de *La Dolce Vita* **(1960)**
Le strip-tease de Nadia atteint son paroxysme.

CI-CONTRE
Scène de *La Dolce Vita* **(1960)**
Résigné à une existence sans âme, Marcello participe à l'orgie.

DOUBLE PAGE SUIVANTE
Scène de *La Dolce Vita* **(1960)**
L'angoisse de Marcello devient patente au moment où un monstre marin échoue sur la plage. La plage est précisément le lieu où les personnages de Fellini doivent choisir entre affronter la réalité ou se réfugier dans le rêve.

Après *La Dolce Vita*, le plus long film que Fellini ait réalisé à cette date, le metteur en scène accepta une nouvelle proposition de collaboration dans un film à sketches. Produit par Carlo Ponti et coordonné par Cesare Zavattini, le projet *Boccace 70* se voulait, à l'origine, une réactualisation du *Décaméron*. Le film se compose de quatre courts métrages. Outre Fellini, Luchino Visconti (*Le Travail*), Vittorio De Sica (*La Loterie*) et Mario Monicelli (*Renzo et Luciana*) ont contribué au projet. Cette tétralogie cinématographique devait constituer une sorte de manifeste contre la censure. En 1960, *Rocco et ses frères* (*Rocco e i suoi fratelli*) de Visconti avait été vilipendé par certains critiques pour son homosexualité sous-jacente. Dans *Le Travail*, interprété par Romy Schneider et Thomas Milian, il choisit de traiter le thème des call-girls. Le court métrage en technicolor de Fellini, *Les Tentations du docteur Antonio* (*Le Tentazioni del dottor Antonio*, 1962), écrit en deux semaines, peut être considéré comme une riposte aux réactions provoquées par *La Dolce Vita*. Il se pose la question suivante : un homme peut-il réprimer ses instincts sexuels ? Comme on peut s'y attendre, le cinéaste conclut à l'absurdité d'une telle démarche.

Le film narre les mésaventures du docteur Antonio (Peppino De Filippo), fervent défenseur de l'ordre moral, qui est bien malgré lui attiré par un mannequin au décolleté provoquant et doté d'une énorme poitrine (Anita Ekberg). La jeune femme pose notamment pour un panneau publicitaire qui invite les passants à boire davantage de lait. Le docteur Antonio, un monsieur très collet monté, est irrité par la vision de ce panneau, qu'il tente d'arracher puis de maculer d'encre afin de le masquer. Mais le panneau résiste à tous ses efforts et le docteur Antonio finit par succomber au fantasme qui s'est insidieusement emparé de lui : il cède aux charmes généreux de la pulpeuse laitière au point qu'un beau matin, il se réveille étendu au sommet du panneau où des ambulanciers viennent le déloger pour le conduire dans un hôpital psychiatrique.

Dénonciation sulfureuse de l'hypocrisie des censeurs, ce court film renoue aussi avec une vision satirique de l'univers publicitaire dont on trouve les prémisses dans une série de petites histoires humoristiques que Fellini avait écrites pour *Marc'Aurelio*

CI-DESSUS
Scène des *Tentations du docteur Antonio* (1962)
Le docteur Antonio (Peppino De Filippo), hypocrite gardien de la morale, succombe aux charmes d'Anita (Anita Ekberg), le mannequin d'un panneau publicitaire.

CI-CONTRE
Scène des *Tentations du docteur Antonio* (1962)
Le docteur Antonio débite sa rhétorique à des scouts au moment où est dressé le panneau provocateur.

Scène des *Tentations du docteur Antonio* (1962)
Anita offre un strip-tease au docteur Antonio, mais la détermination de ce dernier reste intacte et il la tue. Anita incarne le pouvoir de séduction des médias et le docteur Antonio, l'hypocrisie de la censure.

sous le titre *Il Raccontino pubblicitario*. Ces pièces ironisaient sur les prétentions risibles des spots publicitaires de l'époque. Avec le succès croissant de la télévision, Fellini était exaspéré par l'effet de morcellement auquel les coupures publicitaires soumettaient les films – à commencer par les siens. Il devait revenir sur ce thème dans *Ginger et Fred* (1985) et dans *Intervista* (1988), ce qui ne l'empêcha nullement de diriger lui-même des films publicitaires, en 1984, pour Barilla et Campari.

L'obsession d'Antonio pour la bombe sexuelle du panneau rappelle la manière dont Checco s'éprend de Liliana dans *Les Feux du music-hall*. C'est d'ailleurs le même acteur, Peppino De Filippo, qui interprète ces deux personnages. *Les Tentations du docteur Antonio* vaut surtout par la qualité de la prestation comique de De Filippo dans le rôle-titre. Le film n'en reste pas moins une œuvre anecdotique dans la production fellinienne et il fut d'ailleurs assez froidement accueilli à l'époque. Dans un article des *Cahiers du cinéma*, Jean Douchet alla même jusqu'à le qualifier de « complet désastre »[10]. Nombre de critiques le jugèrent grossier et gratuit, à l'instar des croquis flamboyants de Fellini, et le rejetèrent comme une vulgaire pochade de collégien. La plupart des critiques de cinéma mentionnèrent pourtant le court métrage de Visconti comme étant le plus réussi des quatre.

Mais Fellini poursuivit sur sa voie, indifférent à cet échec relatif. Il parvint d'ailleurs à vendre son idée suivante à un producteur avant même d'avoir donné une forme achevée à son projet. Comme il le confia à Giovanni Grazzini, il n'éprouvait qu'un « vague et confus désir de créer le portrait d'un homme, un jour donné de sa vie »[11]. Les acteurs et l'équipe technique signèrent leur contrat en ayant obtenu très peu d'informations sur le film qui allait devenir *Huit et demi* (1963). Ils ignoraient que le Maestro traversait à l'époque une crise de confiance aiguë. À mesure que la date du tournage approchait, Fellini se trouvait en butte à un sentiment d'impuissance de plus en plus oppressant. Il se sentait totalement incapable d'assumer la direction de son film au point qu'un soir, sur le plateau, il ébaucha même un brouillon de lettre à l'attention du producteur milanais Angelo Rizzoli pour lui annoncer qu'il renonçait à son projet. C'est alors qu'un technicien s'avança et lui annonça qu'on fêtait l'anniversaire d'un des machinistes. Fellini prit part à la petite fête improvisée où chacun donnait libre cours à sa bonne humeur. Quand on porta un toast à la santé du metteur en scène, ce dernier en eut l'estomac noué. Il s'éloigna et se retira dans le jardin le plus proche pour réfléchir à son dilemme. Soudain, la solution se présenta d'elle-même : « J'étais arrivé au cœur même du film, confia-t-il à Grazzini. J'allais raconter tout ce qui m'était arrivé. Je ferais un film qui raconterait l'histoire d'un metteur en scène qui ne savait plus quel film il voulait faire. »[12]

Avec un message collé sur sa caméra lui rappelant « souviens-toi que ceci est un film comique », Fellini commença à filmer en mai 1962 ce portrait complexe d'un artiste en pleine crise d'inspiration. Mais le cinéaste ne découvrit son film qu'en octobre : les laboratoires se mirent en grève à l'époque du tournage, ce qui l'empêcha de visionner les rushes. À la fin du tournage, Fellini passa trois jours enfermé dans une salle de projection à regarder le fruit de son travail.

Le film s'ouvre sur un cauchemar. Guido Anselmi (Mastroianni), un célèbre metteur en scène, se trouve coincé dans un embouteillage et lutte pour sortir de sa voiture. Il y parvient finalement et, se retrouvant soudain en état d'apesanteur, il s'envole vers le ciel et flotte littéralement dans les airs jusqu'au moment où il retombe brutalement sur le sol, quelques instants plus tard. Cette étonnante séquence initiale n'était qu'un des rêves récurrents de Guido. Le metteur en scène surmené se trouve en fait dans une chambre d'hôtel, dans la station thermale où il doit suivre une cure de repos. Mais tandis qu'il essaie de recouvrer ses forces dans le charmant décor de la petite ville, ses collaborateurs le bombardent de demandes concernant son projet, un film de science-fiction dont l'action se situe dans une époque future où règne la menace d'une guerre nucléaire. Pour compliquer encore la situation, son cœur balance entre sa maîtresse (Sandra Milo), une femme mariée, et son épouse, l'intuitive Luisa (Anouk Aimée). Alors qu'il jongle déjà avec son emploi du temps pour voir ses deux compagnes, il se met à fantasmer sur une femme aussi belle que mystérieuse (Claudia Cardinale) qui lui apparaît par intermittence.

Loin de recouvrer la santé, Guido souffre d'un stress de plus en plus aigu. Cette angoisse entraîne une escalade de sa vie imaginaire et des souvenirs d'enfance reviennent le hanter. Chaque jour, dans la petite station thermale, de nouveaux incidents réveillent des souvenirs enfouis. Il se souvient de Saraghina, une femme mystérieuse qu'il avait payée pour lui faire danser une rumba érotique, devant lui, sur la plage. Il se rappelle aussi le jour où il a été baigné dans le vin par d'accortes servantes. Ces souvenirs alternent avec des rêveries scabreuses qui sont autant

---

« Je ne crois pas qu'il existe des 'méchants', mais seulement des gens. Les 'bons' peuvent se conduire avec une grande méchanceté. Et un méchant peut être victime de circonstances atténuantes, et il peut aussi être un monstre au cœur de pierre qu'un miaulement de chaton va peut-être émouvoir. »

Federico Fellini [24]

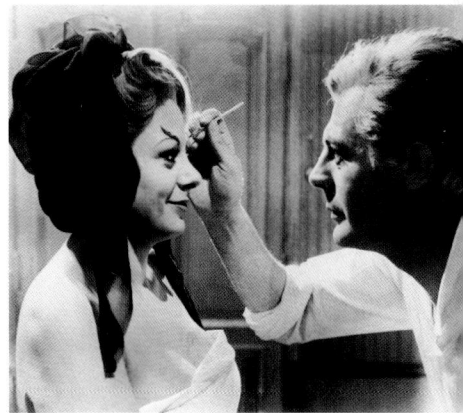

CI-DESSUS
Scène de *Huit et demi* (1963)
Guido et sa maîtresse Carla (Sandra Milo) se prêtent à un jeu avant de faire l'amour.

PAGE CI-CONTRE
Scène de *Huit et demi* (1963)
Dans la scène d'ouverture, Guido Anselmi (Marcello Mastroianni) rêve qu'il est bloqué dans un embouteillage. On comprend dès lors que tout le film se déroule dans l'imagination de Guido qui cherche à échapper à ses responsabilités.

DOUBLE PAGE SUIVANTE
Sur le tournage de *Huit et demi* (1963)
Fellini montre à Marcello Mastroianni et à Sandra Milo ce qu'il attend d'eux dans la scène du lit.

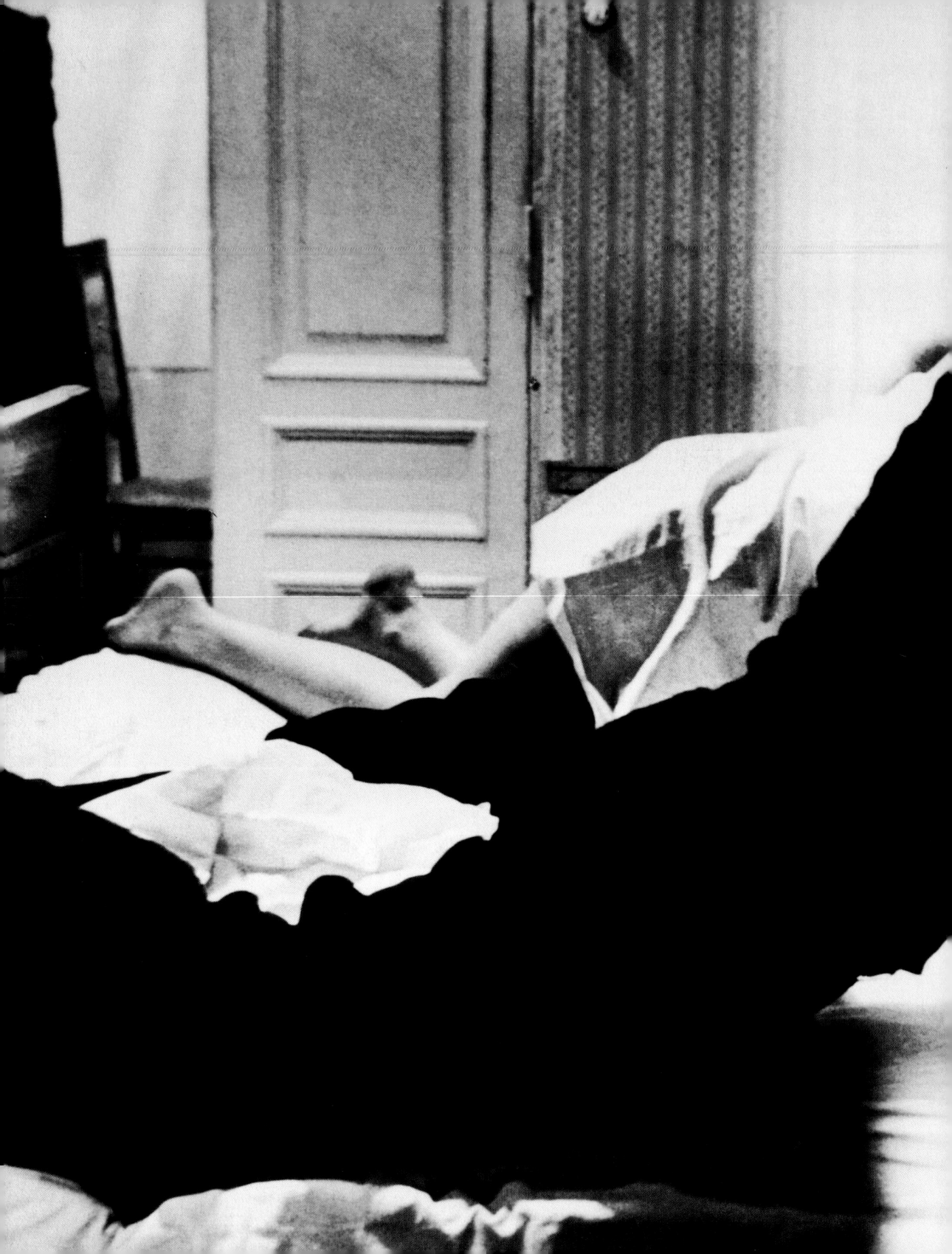

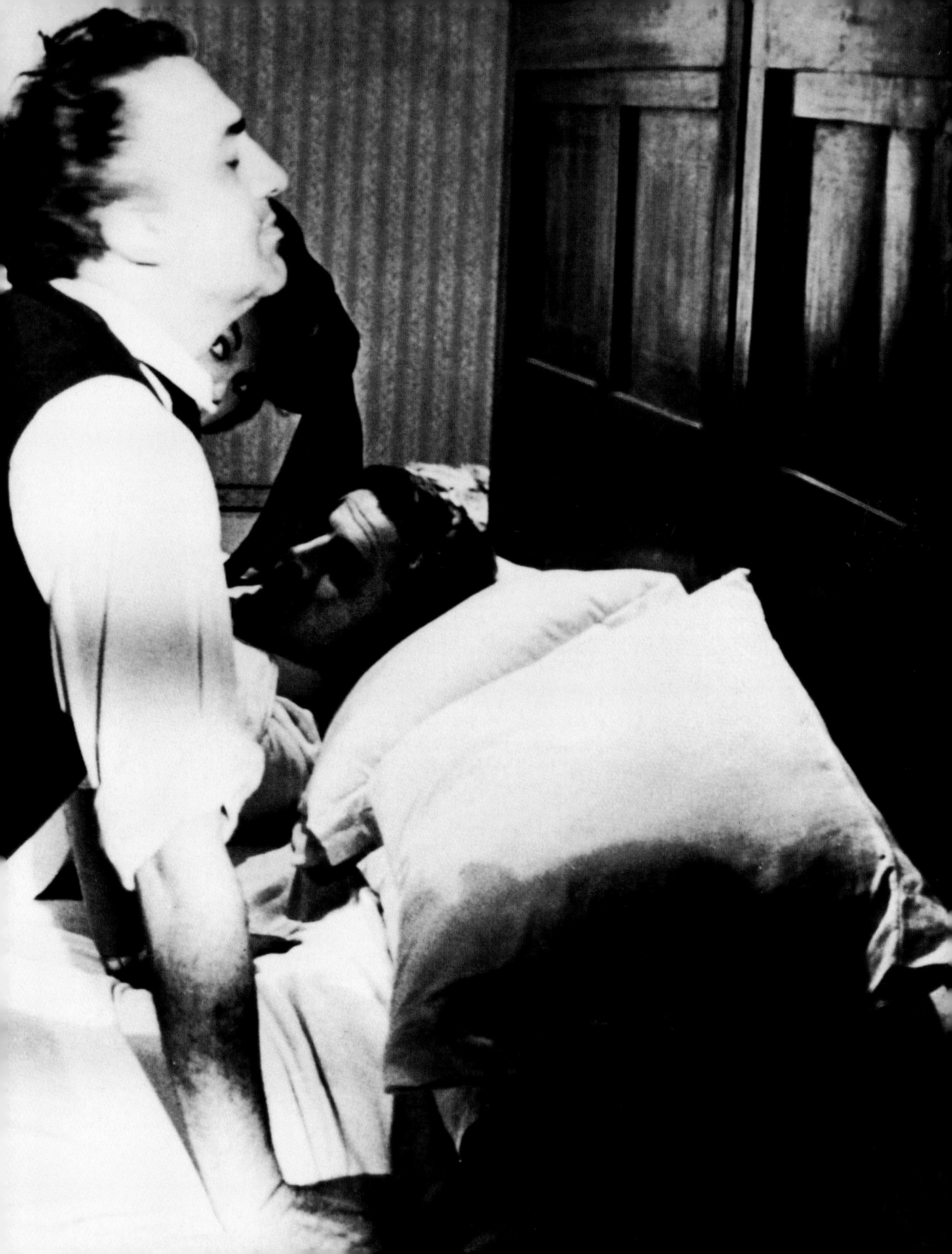

de métaphores de sa situation présente. Dans l'une d'elles, il est un Monsieur Loyal qui tient ses relations à distance. Dans une autre, il règne sur un harem fantastique. Et entre ses rêves, vient se glisser une question obsédante : parviendra-t-il à accoucher un jour de son prochain film ?

Rien d'étonnant à ce que Fellini ait décidé de réaliser un film sur son travail et sa vie de cinéaste. Après tout, ses premiers films eux aussi évoquaient des univers familiers. *Huit et demi* est l'hommage du cinéaste à son art et l'une des plus éloquentes illustrations du cinéma raconté par le cinéma. En 1963, les films sur le cinéma ne sont nullement un genre nouveau : *Les Ensorcelés* (*The Bad and the Beautiful*, 1952) et *Chantons sous la pluie* (*Singin' in the Rain*, 1952) sont sortis une dizaine d'années auparavant. Pourtant c'est bien *Huit et demi*, puis *Le Mépris* (1963) de J.-L. Godard, qui ont exercé l'influence la plus profonde sur ce cinéma révélateur des angoisses créatrices de son réalisateur. On retrouve ensuite l'influence de *Huit et demi* dans *La Nuit américaine* (1973) de François Truffaut, *Stardust Memories* (1980) de Woody Allen, *The Big Picture* (1988) de Christopher Guest et *CQ* (2001) de Roman Coppola. Mais, à la différence de ces films, *Huit et demi* ne montre jamais le film dans le film. En outre, il fournit très peu d'informations sur l'industrie du cinéma.

Fellini n'a pas cherché à dissimuler le caractère autobiographique de son projet, au contraire : le titre annonce clairement la couleur puisque le Maestro avait alors réalisé huit films et demi, si l'on considère qu'il en a dirigé six lui-même, qu'on ajoute le dernier puis qu'on ajoute encore un demi-point pour les trois longs métrages qu'il a codirigés : *Les Feux du music-hall*, *L'Amour dans la ville* et *Boccace 70*. Dans *Huit et demi*, il fait partager son expérience de réalisateur, en se focalisant sur les rapports avec les acteurs, les techniciens et les producteurs. Dans le rôle de Guido, un personnage de la même génération que Fellini qui lutte pour réveiller son énergie créatrice après un immense et paralysant succès, Mastroianni est plus que jamais conforté dans son image d'alter ego du Maestro. Il s'habille d'ailleurs comme Fellini – costume noir et chapeau assorti. Ses habitudes et ses manies sont aussi celles du metteur en scène : il est le seul à avoir une vision d'ensemble du film, ne distillant les informations aux acteurs et à l'équipe technique qu'au compte-gouttes ; on le voit constamment entouré des mêmes photos d'acteurs que celles qui encombraient réellement le bureau de Fellini ; Guido est souvent appelé « il Maestro » ; enfin, Fellini se qualifiait souvent lui-même de Monsieur Loyal – or, dans l'une des plus célèbres scènes du film, Guido se rêve précisément sous les traits d'un Monsieur Loyal.

Tout comme le monde extérieur dans lequel évolue Guido reflète fidèlement la vie professionnelle de Fellini, son univers intérieur reprend des épisodes vécus de l'enfance du cinéaste. La scène dans laquelle le jeune Guido est baigné dans le vin, puis préparé pour la nuit, repose sur des souvenirs d'enfance. La Saraghina, sauvageonne plantureuse et mystérieuse habitant sur une plage, à l'écart du monde, a bien existé et l'épisode de l'exhibition devant le petit Fellini âgé de huit ans et devant ses copains contre une petite somme d'argent, est authentique. On retrouve aussi dans *Huit et demi* des éléments plus récents de la biographie fellinienne, comme sa relation difficile avec son père Urbano, décédé d'une crise cardiaque en 1956. (Urbano Fellini a d'ailleurs inspiré le personnage du père de Marcello dans *La Dolce Vita* ; c'est le même acteur, Annibale Ninchi, qui joue le rôle du père dans les deux films.)

CI-DESSUS
Scène de *Huit et demi* (1963)
Fellini utilise un éclairage dramatique pour rehausser les ombres dansantes de Gloria (Barbara Steele) et de Mario (Mario Pisu).

PAGE CI-CONTRE
Scène de *Huit et demi* (1963)
Guido dirige un film dont il ne saisit pas le sens. Son attention est constamment détournée par son passé et ce qui se déroule autour de lui. Il tente d'échapper au poids de ses responsabilités.

Scène de *Huit et demi* (1963)
Guido cherche des réponses auprès du cardinal en visite à la station thermale où il suit une cure. La rencontre se révèle infructueuse.

Avec *Huit et demi*, Fellini livre une satire de l'accueil réservé à ses films en général et à *La Dolce Vita* en particulier – exactement comme il l'avait déjà fait dans *Les Tentations du docteur Antonio*. Au début du film, un médecin demande ainsi à Guido : « Sur quoi travaillez-vous en ce moment ? Encore un film désespéré ? » Ses intrigues et ses personnages sont taillés en pièces et son travail est taxé de « sordide catalogue d'erreurs ». Le présenter de cette manière est pour Fellini la meilleure manière de se protéger des éreintements à venir. Il prend d'ailleurs sa revanche contre la critique dans une scène fantastique où l'on voit le journaliste Daumier se faire ligoter et pendre dans une salle de cinéma.

Huit et demi marque un autre progrès dans la conception stylistique et structurelle du film. Fellini annonce son ambition en plaçant cette phrase dans la bouche de Guido : « Tout arrive dans mon film. Je vais tout mettre dedans. » Fellini compose *Huit et demi* en intégrant librement souvenirs et rêves à une trame toute simple, celle du séjour de Guido dans la station thermale. D'où une structure temporelle beaucoup plus complexe que celle de *La Dolce Vita*, où les événements

CI-DESSUS
Scène de *Huit et demi* (1963)
Claudia (Claudia Cardinale) incarne l'idéal de la femme aux yeux de Guido.

DOUBLE PAGE SUIVANTE
Scène de *Huit et demi* (1963)
Guido se réfugie dans son harem imaginaire habité par les femmes idéales qui ont influencé sa vie et ses rêves. Il tente d'en écarter l'image de La Saraghina (Edra Gale).

s'enchaînent essentiellement de manière linéaire. À l'inverse, dans *Huit et demi*, la série de séquences, ou de tableaux, s'ordonne selon une dynamique intérieure. C'est ici la conscience de Guido qui alterne trois dimensions temporelles : présent, passé et rêveries de Guido. Cette tridimensionalité demande un effort accru au spectateur. Au point que les producteurs, et même certaines vedettes du film, ont craint que le grand public soit découragé par sa complexité. Pour faciliter la compréhension du film, les séquences oniriques ont été réalisées en couleur, contre la volonté de Fellini, pour les copies destinées à la province.

Huit et demi traduit la réussite d'une équipe par excellence : le scénario rédigé par Pinelli, Flaiano et Rondi regorge de petites vérités quotidiennes sur les relations sociales, la religion, le travail et le cinéma. Le style cinématographique de Fellini, à la fois vif et sobre, est servi par une partition extraordinairement variée qui allie une création originale de Nino Rota écrite pour l'orgue Cordovox (déjà utilisé dans *La Dolce Vita*) et des extraits de Wagner et Tchaïkovski. Présenté au Festival de Cannes en 1963, *Huit et demi* fut accueilli par un concert d'éloges. Les critiques,

cherchant à identifier les œuvres littéraires et cinématographiques qui ont pu influencer Fellini, mentionnèrent notamment *À la recherche du temps perdu* de Marcel Proust, *Ulysse* de James Joyce et *L'Année dernière à Marienbad* d'Alain Resnais (1961). Fellini, qui éprouvait un complexe d'infériorité intellectuel, affirma qu'il n'avait jamais lu ni vu ces œuvres. Une influence qu'il ne démentit pas, en revanche, c'est celle de Carl Jung et de ses recherches sur l'inconscient collectif.

Lors de la cérémonie des oscars, Gherardi se vit de nouveau couronner pour ses costumes et Fellini reçut sa troisième statuette pour le meilleur film étranger. *Huit et demi* est une œuvre souvent citée par les cinéastes, et son thème a été souvent repris (voir notamment *Que le spectacle commence*, 1979, de Bob Fosse, et *Nine*, une comédie musicale qui a triomphé à Broadway au début des années quatre-vingt).

Pauline Kael écrivait dans une critique très pénétrante de *Huit et demi* : « Quand une satire sur les films à gros budget s'avère être elle-même un film à gros budget, comment la distinguer de sa cible ? Et quand un homme se prend lui-même pour cible de ses plaisanteries, le malaise que nous ressentons nous empêche sans doute de rire. » La critique poursuit : « Les deux 'pires' ennemis d'un cinéaste sont à la fois l'échec commercial et le succès commercial. Après un échec, les recherches de financements pour le projet suivant sont laborieuses ; après un succès, le film qui suit doit être encore plus grand et encore 'meilleur'. »[13] Il est certain que l'extraordinaire succès de *Huit et demi* a placé la barre très haut. Fellini a d'ailleurs noté un schéma récurrent dans son parcours professionnel : les triomphes commerciaux et populaires que sont par exemple *La Strada* et *La Dolce Vita* ont été suivis par des fours (*Il Bidone* et *Boccace 70*). Raison de plus pour envisager la suite de sa carrière avec circonspection.

« Le meilleur moment de la journée, c'est quand je vais me coucher. Je me mets au lit et la fête commence. »

Federico Fellini [23]

PAGE CI-CONTRE
Scène de *Huit et demi* (1963)
C'est sur le plateau du vaisseau spatial que Guido transforme ses rêves en réalité en les fixant sur la pellicule.

DOUBLE PAGE SUIVANTE
Scène de *Huit et demi* (1963)
Fellini aimait à comparer son rôle de réalisateur à celui d'un Monsieur Loyal.

Le rêve en technicolor
1965–1970

Fellini, qui avait testé la couleur dans *Boccace 70*, décida de filmer *Juliette des esprits* en technicolor. Le film, taillé sur mesure pour Giulietta Masina, qui avait tant ému les Italiens dans le rôle de Gelsomina, marquait pour l'actrice un retour au cinéma italien. Fellini pensait au rôle de Juliette depuis *La Strada*. De tous les personnages incarnés par Masina dans les films de son époux, ce dernier considérait Juliette comme sa meilleure composition.

Juliette est une représentante de la grande bourgeoisie romaine dont le mari (Mario Pisu) a brillamment réussi, comme en témoignent leur somptueuse maison et leur existence bourgeoise. Mais elle fait une découverte qui jette une ombre inquiétante sur ce tableau idyllique : un jour, elle entend son conjoint murmurer le nom d'une autre femme dans son sommeil. Elle commence à nourrir des soupçons, hésite sur l'attitude à adopter et finit par consulter un voyant indien, puis un détective auquel elle demande de filer son mari. Juliette recherche aussi la compagnie et les conseils de sa voisine Susy (Sandra Milo), une femme mûre au comportement hédoniste qui assouvit tous ses désirs, notamment sexuels. Le jour où Juliette reçoit de son détective un rapport confirmant ses soupçons, elle est accablée. Susy l'invite alors à participer à une orgie en plein air dans le jardin de sa villa. Juliette accepte mais, le moment venu, elle se montre incapable de commettre à son tour l'adultère. De plus en plus tourmentée par des cauchemars, des voix mystérieuses, des visions effrayantes et des souvenirs malheureux de son enfance marquée par une éducation catholique, Juliette réalise qu'elle traverse une profonde crise d'identité. Réalisant le caractère malsain d'un repli sur elle-même, elle décide de consulter un psychiatre, puis tente vainement de nouer un dialogue avec la maîtresse de son mari. Mais c'est finalement en elle-même, après la rupture avec Giorgio, qu'elle va trouver les réponses à ses questionnements. C'est ainsi qu'à la fin du film, on la voit sortir de la maison et cheminer vers la liberté.

Juliette des esprits est considéré comme la version féminine de *Huit et demi* : Guido et Juliette traversent en effet tous deux une crise qui les force à affronter leurs peurs. Au moment de la sortie du film, Fellini a esquissé une comparaison entre Cabiria et Juliette, expliquant que ses deux héroïnes se battaient pour comprendre la religion, l'amour et le mysticisme. Pour brosser le portrait de la superstitieuse Juliette, il a rendu visite à de nombreux médiums, tireurs de tarots et autres voyantes,

PAGE CI-CONTRE
Scène de *Satyricon* (1969)
Encolpe doit affronter le Minotaure (Luigi Montefiori) pour conquérir le cœur d'Ariane. Il se découvre impuissant à la sortie du labyrinthe (métaphore de l'inconscient), et se met alors en quête d'une guérison.

DOUBLE PAGE SUIVANTE
Scène de *Juliette des esprits* (1965)
Une scène de l'univers onirique de Juliette. Depuis *Les Vitelloni*, Fellini a fréquemment recours aux décors de plages comme lieux d'accomplissement de soi pour ses personnages.

« Ernst Bernhard, le psychanalyste jungien, [...] m'a fait saisir que notre vie onirique n'est pas moins importante que notre vie éveillée, surtout pour l'artiste. »

Federico Fellini

CI-DESSUS
Scène de *Juliette des esprits* (1965)
Juliette (Giulietta Masina) projette sa libido refoulée sur Susy (Sandra Milo), une jeune femme sexuellement décomplexée.

CI-CONTRE
Scène de *Juliette des esprits* (1965)
Juliette épouse comme il se doit un riche homme d'affaires, mais elle se sent désemparée lorsqu'elle apprend qu'il entretient une liaison.

CI-DESSUS ET CI-CONTRE
Scènes de *Juliette des esprits* (1965)
Les visions de Juliette ne sont que les reflets de ses propres angoisses et désirs intérieurs.

DOUBLE PAGE SUIVANTE
Sur le tournage de *Juliette des esprits* (1965)
Au cours de son voyage « jungien » dans l'inconscient féminin, Fellini donne corps à ses fantasmes les plus fous. Ici, Fanny (Sandra Milo) s'apprête à s'enfuir avec le grand-père de Juliette dans un avion de fête foraine.

> *« Au début, je supprimais probablement l'aspect narratif du dialogue et j'avais tendance à construire mes films selon des procédés littéraires, ce qui les rendait moins souples et moins malléables. En progressant, j'ai acquis une confiance plus grande dans les images et j'ai essayé de moins m'appuyer sur les mots en filmant. »*
>
> Federico Fellini [22]

et a puisé dans sa connaissance approfondie des sciences occultes. Pour Juliette, comme pour le Guido de *Huit et demi*, passé et présent interfèrent sans cesse. L'exploration de la vie onirique de Juliette révèle la fascination de Fellini pour la psychologie jungienne – un intérêt éveillé par une visite à l'analyste jungien Ernst Bernhard durant le tournage de *La Dolce Vita*. Bernhard avait notamment conseillé au cinéaste de noter ses rêves sur un calepin pour nourrir son travail créateur.

Compte tenu de l'importance que revêtent les rêves de Juliette dans le film, il était logique que Fellini optât pour la couleur. Cette décision permit à Piero Gherardi et Gianni di Venanzo de donner toute la mesure de leur inventivité. L'univers pittoresque qu'ils ont créé n'est pas sans évoquer *Le Magicien d'Oz* (*The Wizard of Oz*, 1939). La riche palette de couleurs du film en fait un produit typique de la veine psychédélique des seventies. Un an avant la sortie de *Juliette des esprits*, deux autres films avaient fait un usage comparable de la couleur : *Les Parapluies de Cherbourg* (1964), la comédie musicale de Jacques Demy, qui avait opté pour une gamme de pastels, et *Le Désert rouge* (*Il Deserto rosso*, 1964), un film d'Antonioni sur l'aliénation mentale. Fellini fait un usage symbolique de la couleur, surtout en ce qui concerne les costumes : Juliette porte presque toujours du blanc – symbole d'innocence et de fragilité. Dans la scène d'orgie, elle revêt une tenue rouge vif censée exprimer son soudain désir de sensualité et de passion.

Comme pour *La Dolce Vita*, Fellini, plutôt que de s'en remettre à une forme narrative conventionnelle, construisit son film en juxtaposant des séquences visuelles fantastiques. Cette addition d'épisodes et de sketches traduit l'influence de la bande dessinée et du music-hall sur son œuvre. Le cinéaste essayait de passer d'une prose narrative à une forme plus libre, poétique, au mépris des contraintes usuelles de la narration. Le public apprécia peu cette démarche nouvelle et le personnage incarné par Masina, si différent de Gelsomina et Cabiria, le laissa assez froid. Cet accueil mitigé blessa Fellini qui sortait d'un tournage pénible marqué par des tensions et des ruptures avec différents collaborateurs, notamment Gherardi dont le décor hallucinant aux couleurs éclatantes avait été remarqué par la plupart des critiques du film. Il ne devait plus jamais travailler avec Fellini. Même chose pour Flaiano. Quant à Masina, le tournage l'avait épuisée.

Scène de *Juliette des esprits* (1965)
Les riches décors et costumes du film sont dus à Piero Gherardi, le fidèle collaborateur de Fellini.

Scène de *Toby Dammit* (1968)
Toby Dammit (Terence Stamp) est un acteur alcoolique qui tourne un western spaghetti en Italie. Au moment où une gitane s'apprête à lui lire les lignes de la main, elle s'enfuit, terrorisée.

Une fois *Juliette des esprits* achevé, Fellini se consacra à un projet intitulé *Il Viaggio di G. Mastorna* (Le voyage de G. Mastorna) auquel il collabora aux côtés du romancier Dino Buzzati, alors âgé de soixante ans. Le film retrace l'histoire d'un homme qui évite en apparence la mort pour découvrir quelque temps plus tard qu'il est en réalité décédé. Fellini passa presque toute l'année 1966 à travailler au script du film. Le producteur Dino de Laurentiis fit construire un décor dans Dinocittà, son nouveau complexe de studios qui venait d'ouvrir sur la via Pontina. En avril 1967, alors que Fellini essayait de régler les problèmes de distribution, les coûts de production dérapèrent et le cinéaste exténué contracta une forme allergique rare de pleurésie qui entraîna son hospitalisation. S'ensuivit une convalescence à Manzania où il séjourna quelque temps. Le projet fut abandonné. Fellini y revint par la suite, mais sans jamais le faire aboutir. Une version parut en 1992 dans le magazine *Il Grifo* sous forme d'une bande dessinée, signée Milo Manara.

Cet effondrement s'explique en partie par le surmenage : Fellini s'était imposé un rythme de travail frénétique et extrêmement productif. Ses « huit films et demi » avaient été réalisés sur une période de treize années d'un travail acharné, durant lesquelles il avait aussi travaillé sur sept scénarios pour d'autres metteurs en scène. Cette pause forcée donna au cinéaste l'occasion de faire le point sur sa vie personnelle et professionnelle. Il retourna à Rimini, écrivit un essai autobiographique sur son enfance et commença à réfléchir à de nouveaux projets. Le premier à se concrétiser fut *Toby Dammit*, contribution très noire à *Histoires extraordinaires* (*Tre Passi nel delirio*, 1968), un film de compilation inégal. Raymond Eger, le producteur français qui avait apporté le projet, concevait cette série de films inspirés de nouvelles de Poe comme un hommage au grand écrivain américain. Avant de choisir le fil conducteur du film, Eger contacta quelques metteurs en scène de renom : Visconti, Welles, Losey. Outre Fellini, il choisit finalement deux cinéastes français de la Nouvelle Vague, Roger Vadim et Louis Malle.

Histoires extraordinaires se présente comme un triptyque passablement ennuyeux. Dans *Metzengerstein* de Vadim, on peut voir Jane Fonda en comtesse capricieuse tomber amoureuse de son cousin (interprété par Peter Fonda). *William Wilson*, le drame de Malle, est narré par Alain Delon, qui interprète le malicieux et autodestructeur W. Wilson, un homme hanté par son double tout au long de sa vie. *Toby Dammit* est l'adaptation moderne (la seule des trois films) d'une nouvelle peu connue de Poe, *Il ne faut jamais parier sa tête avec le diable*. Le rôle principal est tenu par Terence Stamp qui campe le personnage d'un acteur déprimé et toxicomane. Débraillé, maquillé et parlant d'une voix caverneuse à la façon d'un Poe actuel, Dammit arrive à Rome, où il doit jouer dans un « western catholique » influencé par Dreyer, Pasolini et Ford. Il est conduit dans un studio de télévision pour une interview puis assiste à une fête fastueuse. Perturbé par des visions récurrentes d'une fillette jouant à la balle – une image qu'il interprète comme diabolique –, Dammit quitte la soirée et s'enfuit dans sa Ferrari flambant neuve. Il arrive peu après devant un pont effondré. Là, il aperçoit la petite fille, de l'autre côté du pont qu'il essaie de traverser. Mais il ne voit pas le câble d'acier tendu en travers de la route et il est décapité. La dernière image montre la fillette qui jette son ballon et emporte, à la place, la tête de Dammit.

Fellini n'était pas un lecteur assidu de Poe : il préférait Simenon ou Bradbury, mais l'écrivain américain le fascinait depuis son enfance. Il aurait voulu ressembler au poète maudit. Fellini a rédigé le scénario de *Toby Dammit* avec Bernardino Zapponi, autre ancien de *Marc'Aurelio*. Les deux hommes avaient d'abord envisagé d'adapter *Le Cœur révélateur* ou *L'Enterré vivant*, mais Fellini refusa le premier et les producteurs, le second. Dans la version de Fellini, il ne reste pas grand-chose de la nouvelle de Poe, sauf le nom du héros et la scène de la décapitation. Contrairement à Pasolini (*Oedipus Rex*, 1967) ou à Bertolucci (*Le Conformiste*, 1970), le Maestro répugnait en général à adapter des œuvres littéraires à l'écran. Il a avoué plus tard qu'il n'avait lu la nouvelle de Poe qu'après avoir achevé le film.

Toby Dammit illustre plusieurs obsessions centrales de Fellini : l'arrivée d'une star internationale mitraillée par les photographes rappelle *La Dolce Vita* et représentation satirique d'un talk-show avec rires préenregistrés annonce *Ginger et Fred*. Terence Stamp campe un personnage blasé et las du monde qui n'est pas sans rappeler Mastroianni dans d'autres films de Fellini. Ses propos fanfarons – « Je ne vis que la nuit ! » – évoquent tout spécialement le style de vie de Marcello Rubini. Les thèmes du film (solitude, célébrité, superstition) et les images (la fillette, les clowns, les rues de Rome) sont également familières. Le style cinématographique, en revanche, s'écarte sensiblement des habitudes du cinéaste qui utilise un certain nombre de techniques inhabituelles pour composer une vision hallucinée de Rome.

> « Pour le formuler simplement, j'adore inventer des histoires. Des cavernes de Pétrone aux troubadours de Charles Perrault ou de Hans Christian Andersen, je voudrais me situer dans cette tradition avec des films qui n'appartiennent ni à la fiction ni à la non-fiction, mais relèvent plus ou moins de l'autobiographie, des contes archétypaux d'une vie intensifiée, relatés avec inspiration. »
>
> Federico Fellini [24]

Scène de *Toby Dammit* (1968)
Au cours de sa folle échappée, Toby parie avec le Diable qu'il peut sauter de l'autre côté d'un pont effondré avec son bolide flambant neuf.

CI-DESSUS
Scène de *Satyricon* (1969)
Ascylte (Hiram Keller) et Encolpe (Martin Potter) font l'amour avec une esclave dans la « villa des suicides », puis prolongent leurs ébats entre eux.

PAGE CI-CONTRE
Scène de *Satyricon* (1969)
Giton (Max Born) est à la fois esclave et objet de désir. Il apparaît sous les traits d'Éros.

DOUBLE PAGE SUIVANTE
Scène de *Satyricon* (1969)
Le nouveau riche et ancien esclave Trimalchion (Mario Romagnoli), étale sa fortune en donnant de somptueux banquets agrémentés de récitations de son éloquente poésie.

Le film suivant de Fellini devait exposer une vision tout aussi infernale. Tandis qu'il se remettait de sa pleurésie à Manzania, Fellini relut *Le Satiricon*, recueil de contes dus à Pétrone (Ier siècle après J.-C.), l'un des conseillers de l'empereur Néron. Il songeait à ce projet depuis l'époque de *Marc'Aurelio*, et avait même pensé à l'acteur Aldo Fabrizi pour le rôle principal. Son *Satyricon* est aussi personnel que son adaptation de *Toby Dammit* : il s'agit bien du *Satyricon* revu et corrigé par Fellini, et non celui de Pétrone. Le film porte la marque de deux grandes préoccupations de Fellini à l'époque : la drogue et la science-fiction. Il a d'ailleurs déclaré à ce sujet qu'il avait filmé la Rome antique comme il aurait réalisé un documentaire sur les Martiens. C'est précisément dans cet esprit qu'il s'est efforcé de restituer une ambiance à la *Flash Gordon*, en utilisant différents filtres colorés et autres types d'émulsions.

Le tournage de *Satyricon* s'étendit de novembre 1968 à mai 1969, en pleine époque de libération sexuelle, d'expérimentation de nouvelles drogues et d'introspection psychédélique. Le film est imprégné de cet esprit de libération, hérité du mouvement underground. Comme les hippies des années soixante, les anciens Romains de Fellini, égocentriques et béats, vivent dans l'instant présent. Dans *Satyricon*, tout est permis, ou presque. Le film montre d'abord deux adolescents romains, Encolpe (Martin Potter) et Ascylte (Hiram Keller), lesquels sont enlevés pas un pirate qui les réduit en esclavage. Une fois libérés, les deux adolescents donnent libre cours à leur soif de conquêtes sexuelles jusqu'à ce qu'Encolpe soit de nouveau capturé et forcé de combattre le Minotaure, épreuve à l'issue de laquelle il se découvre impuissant : il ne parvient pas à copuler avec Ariane. Pour résoudre ce problème, Encolpe visite d'abord le Jardin des délices, puis la mystérieuse Œnothée qui réussit à lui rendre sa virilité. À la mort d'Ascylte, Encolpe décide d'embarquer à bord d'un navire en partance pour l'Afrique. Le film s'achève sur cette vision.

Sorte de *Dolce Vita* en sandales, *Satyricon* est d'une extravagance surréaliste. Aussi vicieux que glorieux, il a été reçu comme un vibrant plaidoyer en faveur de la débauche et de l'amoralité. (Dans *Le Nouvel Observateur*, Jean-Louis Bory avait même été jusqu'à qualifier le film de « contemplation d'un cloaque fumant »[14].) Les deux films se présentent comme des portraits kaléidoscopiques de Rome et de ses habitants, déshérités ou nantis. Comme *La Dolce Vita*, *Satyricon* compose une fresque critique de la société romaine contemporaine. Les Anciens vus par Fellini apparaissent tout aussi dissipés et frivoles que les snobs qui hantent la via Veneto. Une fois de plus, la structure insolite du film lui valut de sévères critiques : on trouva *Satyricon* embrouillé, déséquilibré. Fellini a tiré parti du caractère fragmentaire du texte original pour donner libre cours à sa veine picaresque. *Satyricon* se termine abruptement : à mi-phrase, Encolpe et les autres personnages sont changés en figures de fresque. Comme *Il Bidone* et *La Strada*, le *Satyricon* de Fellini obéit à un parcours cyclique : il commence et se termine sur les mêmes images.

Le groupe de jeunes gens qui s'ennuient et s'accrochent désespérément à leur adolescence, accumulant les plaisirs mécaniquement, résignés à leurs perversions, évoque aussi les protagonistes des *Vitelloni*. Le spectateur-voyeur prend d'ailleurs aussi peu de plaisir à observer les parties de jambes en l'air de ce ramassis de petits voyous et de gigolos que ces derniers eux-mêmes. D'après certains critiques, les transgressions et les agissements de dépravés ont rarement été aussi ennuyants. Malgré toutes ses orgies, ses banquets, sa violence et ses frasques sexuelles, *Satyricon* n'est pas un film sensuel. Sa relative froideur tient en partie au fait qu'à l'origine,

Scène de *Satyricon* (1969)
Le film est jalonné d'étranges rituels exotiques. Ici, Ascylte, Encolpe et Giton sont faits esclaves sur le bateau du proconsul Lica (Alain Cuny, à gauche).

CI-DESSUS
Scène de *Satyricon* (1969)
Au cours d'un autre rituel, les invités de l'ancien esclave Trimalchion se lavent avant de prendre part au somptueux banquet de leur hôte.

PAGE 122
Scène de *Satyricon* (1969)
Dans tous ses films, Fellini fait référence aux médiums. Dans *Satyricon*, ce sont des poètes, des oracles et des mosaïques. L'une des séquences montre Ascylte et Encolpe en train d'enlever un oracle albinos et hermaphrodite.

PAGE 123
Scène de *Satyricon* (1969)
Encolpe se prépare avant d'affronter le Minotaure.

Scène de *Satyricon* (1969)
Fellini montre la sexualité sous de nombreuses formes. Le sexe a un effet agréable, guérisseur et réconfortant sur les personnages. Ici, Lica aux côtés de Giton.

Fellini l'avait conçu comme une sorte de documentaire. Presque toute la musique est directement liée à l'action, laquelle est filmée dans un style de reportage effacé, censé enregistrer méthodiquement les rites et les habitudes d'une certaine société. Pourtant le film n'est pas crédible en tant que documentaire sur la Rome antique. Il est avant tout le tableau laborieux de l'univers onirique de Fellini.

Satyricon fut le film le plus cher de l'histoire du cinéma au jour de sa sortie. Fellini avait tourné dans pas moins de 90 décors, tous sortis des studios de Cinecittà. La distribution comptait 250 acteurs avec l'habituelle kyrielle de physiques hors normes chers au cinéaste italien : énormes femmes boursouflées et hommes malingres, presque squelettiques. Aux États-Unis, la première de cette chronique baroque et étrange de la Rome du Ier siècle après J.-C. eut lieu à Madison Square

Garden après un concert de rock. Selon Fellini, il fut projeté devant un public de 10 000 hippies, pour la plupart sous l'empire de la drogue. Naturellement, rien n'empêche de lire ce commentaire comme une outrance habituelle au Maestro. Quoi qu'il en soit, Universal, le distributeur américain, décida de présenter *Satyricon* comme un film pour la jeunesse et il fut bien accueilli par le public. Cette vision étrange et si singulière de la décadence romaine fut acclamée par de nombreux critiques et valut à Fellini une nomination pour l'oscar du meilleur metteur en scène.

CI-DESSUS
Scène de *Satyricon* (1969)
Pour se venger de son mari Trimalchion, trop prévenant à son goût envers les deux esclaves, Fortunata (Magali Noël, à droite) pose ses lèvres sur celles d'une autre femme.

DOUBLE PAGE SUIVANTE
Sur le tournage de *Satyricon* (1969)
Un des quatre-vingt-dix décors magiques imaginés par Danilo Donati pour les besoins de la production.

Fellini a relaté son expérience de metteur en scène sur le tournage de *Satyricon* dans *Bloc-notes d'un cinéaste* (*Block-notes di un regista*, 1969), documentaire d'une heure pour la chaîne américaine NBC. Le film est conçu comme un bref hommage au projet avorté Mastorna et il immortalise son décor abandonné représentant une cathédrale. Ce documentaire informel annonce les longs métrages ultérieurs comme *Roma* ou *Intervista*, ainsi que *Les Clowns*, la réalisation suivante du cinéaste.

Tableau plein de tendresse et de gaieté du monde du cirque, *Les Clowns* se divise en trois parties : on voit d'abord un enfant, sans doute Fellini lui-même, réveillé par une rumeur qui parvient du dehors. Découvrant par la fenêtre un chapiteau de cirque, il sort de chez lui et, vêtu de son habit de marin, se rend au cirque. Les attractions qu'il découvre, fasciné, sont présentées avec force superlatifs dignes de Zampano. « Tous ceux qui ont le cœur faible feraient mieux de partir ! », crie, par exemple, le bonimenteur. Ainsi défilent le lanceur de couteaux et son assistante, vêtue d'un costume exotique, les lutteurs qui s'empoignent sur du Wagner et la sirène, poussée dans un fauteuil roulant. Peu après apparaissent des clowns qui s'assènent réciproquement des coups de marteaux et tirent un coup de canon. Les clowns effraient le jeune garçon, avec « leur masque grimaçant et ivre, et leurs expressions énigmatiques » et lui rappellent des gens de son village.

La deuxième partie nous ramène dans le présent : on voit Fellini dicter une question à sa script-girl – « Les clowns de mon enfance, où sont-ils aujourd'hui ? » – avant de se mettre en quête de la réponse avec son équipe de reportage. Dans un cirque italien, ils assistent au numéro de deux clowns qui se heurtent à Anita Ekberg. Changement de décor : à Paris, ils se rendent au Cirque d'Hiver, interviewent de vieux clowns et un historien du cirque. La dernière partie du film se déroule entièrement sur la piste du cirque où Fellini met en scène une représentation pour le spectateur. Les clowns s'assènent des coups, multiplient les pantalonnades violentes et comiques et forment une parade, le point culminant de leur numéro étant l'instant où une gigantesque bouteille de champagne expulse son bouchon tandis qu'un clown solitaire se balance dans les airs au-dessus de ses compagnons. Dans la scène finale, on voit deux clowns jouer de la trompette sur une piste déserte.

Enfant, Fellini éprouvait un violent désir de faire rire les autres. Une fois devenu metteur en scène, il compara son rôle à celui d'un Monsieur Loyal. Et son monde est peuplé d'individus qui, bien que laminés par l'existence, parviennent à sourire de leur triste condition ici-bas. C'est à ce titre que les clowns, en tant que tels ou sous d'autres visages métaphoriques, apparaissent dans son œuvre. Dès *Les Feux du music-hall*, les films de Fellini portent l'empreinte de sa fascination pour le cirque. En 1970, la figure du clown, le ton tragicomique, les parades finales ou encore les acrobates, sont autant d'éléments que le public associaient spontanément au cinéma de Fellini. Sa fascination ancienne pour la figure marginale du clown, et l'univers du cirque en général, se retrouve également dans son intérêt plus tardif pour l'étrange et le grotesque tel qu'il s'épanouit dans *Satyricon*. La scène finale du film, qui montre Encolpe transformé en personnage de fresque, réapparaîtra d'ailleurs sous une forme inversée dans *Les Clowns*, lorsque les trois artistes de cirque reprennent soudain vie sur une photo. Comme pour *Satyricon*, Fellini s'inspire de la bande dessinée

CI-DESSUS
Scène des *Clowns* (1970)
Le clown se lamente de la vie et s'amuse de la mort. Sous son masque d'enfant, il est en réalité le père des rêves. Le clown est un symbole important dans l'univers cinématographique de Federico Fellini.

PAGE CI-CONTRE
Federico Fellini (vers 1969)
Au début de sa carrière, Fellini était dessinateur de bandes dessinées. Parfois, il crayonnait des croquis en marge de ses scripts. Ici, Fellini dessine les costumes et le maquillage des *Clowns*.

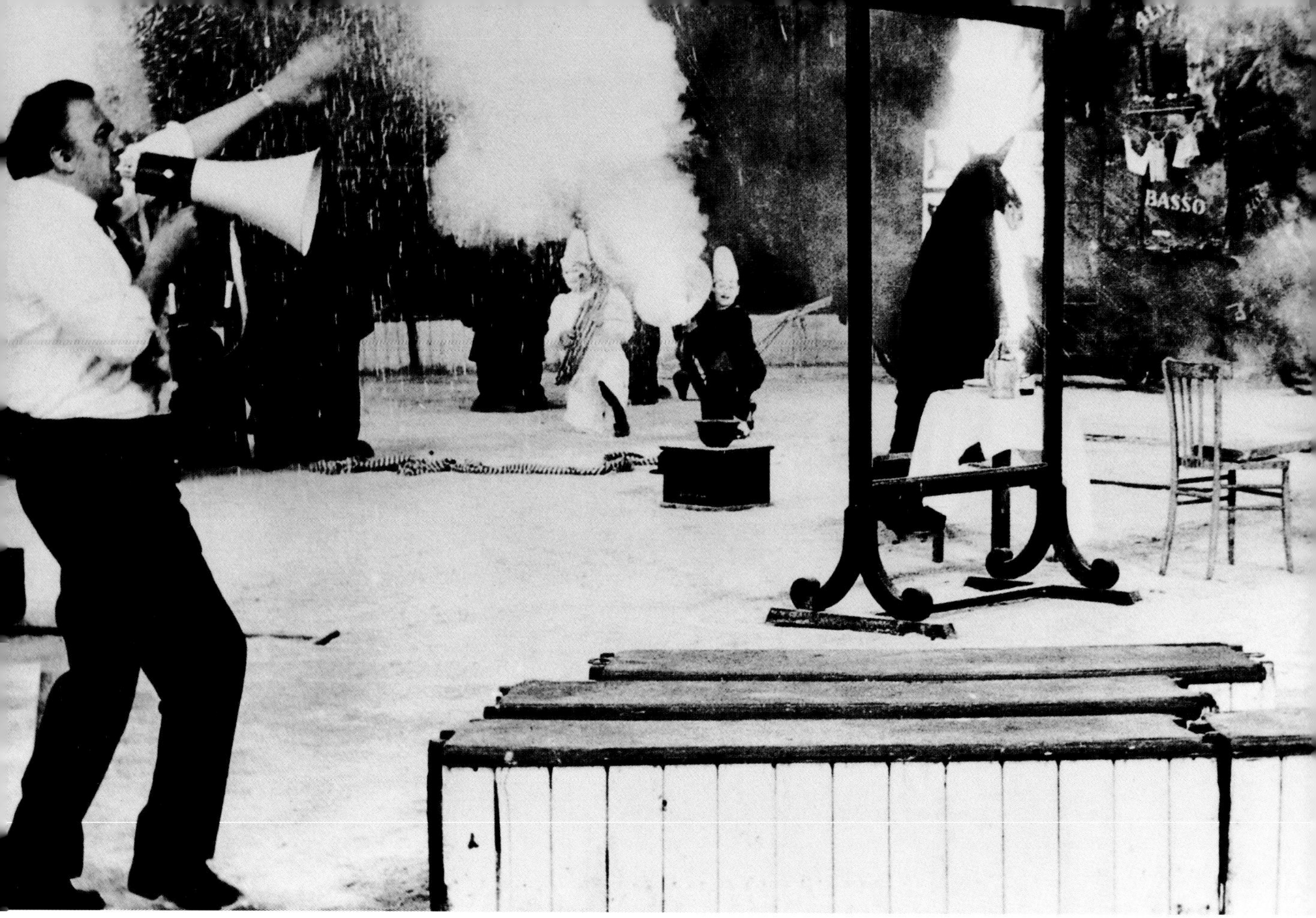

CI-DESSUS
Sur le tournage des *Clowns* (1970)
Federico Fellini dans son double rôle
de réalisateur et de Monsieur Loyal.

CI-CONTRE
Sur le tournage des *Clowns* (1970)
Fellini en sérieuse discussion avec un clown.

dans la mise en scène de son film – la séquence du début rappelle *Little Nemo in Slumberland*, une bande dessinée de Winsor McCay.

À l'instar de *Roma* et d'*Intervista*, *Les Clowns* est un film à facettes. À première vue, il se présente comme un documentaire sur une équipe qui réalise un reportage. Cependant, comme dans *Huit et demi*, on ne voit jamais le «film à l'intérieur du film», parce qu'avant tout, Fellini s'intéresse au «work in progress», le processus de la création. Par moments, l'équipe de reporters elle-même se comporte comme une bande de clowns et, à la fin du film, on voit Fellini en personne incarner Monsieur Loyal. Francesco Dorigo résuma clairement l'affinité du metteur en scène pour les clowns, quand il écrivit dans *Il Piccolo* que son film «porte la marque distinctive d'un cinéaste qui ne cède jamais à un sentimentalisme facile, mais qui, quand il voit couler une larme, la transforme rapidement en un rire rentré»[15].

Sur le tournage des *Clowns* (1970)
Fellini préférait montrer à ses acteurs comment jouer une scène plutôt que la leur expliquer par des mots.

«*Il est probable que si le cinéma n'avait pas existé, si je n'avais pas rencontré Rossellini et si le cirque était une forme de spectacle qui avait réussi à rester vivante, j'aurais aimé être le directeur d'un grand cirque.*»

Federico Fellini[21]

Le sexe, la ville et Snaporaz
1972–1981

Dans les années soixante-dix, l'œuvre de Fellini avait longtemps reflété la fascination persistante du cinéaste pour Rome. La Ville éternelle forme la toile de fond de nombre de ses films préférés, dont *Les Nuits de Cabiria*, *La Dolce Vita* et *Satyricon*. L'idée d'un long métrage sur Rome qui prendrait peu ou prou la forme d'un documentaire est déjà présente dans *Les Clowns*. Fellini avait exprimé sa volonté de décrire «une Rome anthropomorphisée, envisagée comme une femme qu'on aime et qu'on déteste en même temps, ou comme un univers qu'on croit bien connaître parce qu'il a toujours été là mais qui, tout à coup, s'avère totalement inconnu, comme une jungle inexplorée»[16].

Avec *Roma*, le metteur en scène s'enfonce au cœur de cette jungle. Il mêle éléments documentaires et autobiographiques pour créer un mélange typiquement fellinien de fiction et de fantaisie. Le film commence par ses impressions d'enfance, sa vision de la ville telle qu'il la découverte dans les livres d'école, puis sur scène et à l'écran. Puis on suit un jeune homme qui débarque du train à la gare centrale de Rome. Ce substitut romancé de Fellini, qui évoque aussi Moraldo, cherche d'abord une pension de famille avant de se mettre en quête d'un restaurant. Les deux établissements sont bondés et bruyants, tout comme Rome qui se révèle à la fois excitante et quelque peu exténuante pour le jeune homme. Le film énumère les divertissements préférés des Romains à travers les âges. On voit notamment un spectacle de variétés en temps de guerre, interrompu par un raid aérien qui contraint chanteurs et public à se précipiter aux abris. (Fellini en profite pour continuer son exploration de la ville par les sous-sols, ce qui lui donne l'occasion de montrer la construction d'un tunnel de métro.) Même les maisons de passe sont surpeuplées et dans l'une d'elles notre jeune protagoniste jette son dévolu sur une brunette au maquillage abondant à laquelle, après la passe, il fixe innocemment un rendez-vous. Assez audacieusement, Fellini juxtapose cet épisode avec un défilé de mode religieuse qui consiste en une procession de sœurs et de prêtres vêtus de tenues de plus en plus bizarres. Après quoi l'on voit l'équipe de Fellini traverser le Trastevere, où un groupe d'intellectuels discute sur une terrasse de café. Dans une conclusion assez sinistre, la caméra mobile du cinéaste suit une bande de motards en cuir dans leur chevauchée triomphante à l'assaut des ruines antiques.

Scène de *Roma* (1972)
Dans l'une de ses attaques les plus virulentes contre la religion, Fellini compare l'Église à un spectacle de paillettes digne de Las Vegas.

«*Quand le film est vraiment terminé, je l'abandonne avec dégoût. Je n'ai jamais vu un de mes films dans une salle. Je suis assailli par une sorte de pudibonderie, un peu comme quelqu'un qui ne veut pas voir un ami faire des choses qu'il ne ferait pas lui-même.*»

Federico Fellini

CI-DESSUS
Scène de *Roma* (1972)
La rébellion de la jeunesse est montrée sous la forme de manifestations de rue et sous les traits de hippies et de motards en cuir. Ces barbares des temps modernes s'approprient la Ville éternelle.

CI-CONTRE
Scène de *Roma* (1972)
Des femmes libérées dans un établissement de bains de la Rome moderne.

CI-DESSUS
Scène de *Roma* (1972)
Tout en critiquant l'hypocrisie de la Rome moderne, Fellini nous invite à découvrir les splendeurs de Ville éternelle.

CI-CONTRE
Scène de *Roma* (1972)
Une femme fortunée prend un bain dans la Rome antique. Fellini juxtapose les événements de la Rome antique et ceux de la ville moderne pour mieux les commenter.

Roma, hommage à la ville, est un film construit comme un collage. Fellini alterne la Rome des touristes, celle des Romains, la capitale filmée par une équipe de reportage ou découverte par des provinciaux qui débarquent et, bien sûr, la Rome de Fellini. En ce sens, le film ressemble beaucoup aux *Clowns*. On y retrouve le même ton personnel et sentimental, expressivement servi, dans *Roma*, par l'éloquence raffinée du narrateur, l'acteur napolitain Alghiero Noschese. Comme dans *Les Clowns*, Fellini pose lui-même des questions et essaie d'y répondre avec son équipe. « Et la Rome actuelle, s'interroge-t-il notamment, quelle impression fait-elle au visiteur qui la découvre ? » En guise de réponse, le cinéaste propose une scène d'embouteillage qui fait songer à *Week-end* (1967), le film apocalyptique de Godard.

Roma, à l'instar des autres films réalisés par Fellini à la même époque, se présente comme un intrigant mélange de réalité et d'artifice. Alors que des sites célèbres comme les escaliers de la Piazza di Spagna ou la fontaine de Trevi sont fidèlement décrits dans une séquence purement documentaire, d'autres séquences du film ont été tournées à Cinecittà. Danilo Donati a ainsi laborieusement reconstitué une portion de rue d'un demi-kilomètre de long. D'autres intérieurs dont un théâtre et un manoir ont aussi été spécialement construits pour le film. Autant de folies qui ont contribué à faire « exploser » son budget.

Fellini a inséré quelques portraits dans son étude intime de la ville. Les apparitions de Mastroianni et de Sordi ont été coupées au montage, mais Fellini a gardé deux rencontres. Avant la scène finale des motards, Fellini croise Anna Magnani qu'il présente comme le symbole même de la ville. C'est la dernière fois que l'on verra la grande actrice italienne à l'écran. L'autre personnalité interviewée par Fellini est le romancier Gore Vidal, qui explique avec enthousiasme pourquoi il a choisi d'habiter la Ville éternelle.

CI-DESSUS
Sur le tournage de *Roma* (1972)
Fellini et ses incontournables accessoires : son chapeau et son écharpe.

CI-CONTRE
Scène de *Roma* (1972)
Un combat de gladiateurs dans la Rome antique.

CI-CONTRE
Sur le tournage de *Roma* (1972)
Les repas en famille sont un élément essentiel de la vie des Italiens.

CI-CONTRE
Scène de *Roma* (1972)
Une manifestation estudiantine est matée par la police romaine.

DOUBLE PAGE SUIVANTE
Sur le tournage de *Roma* (1972)
Comme pour *La Dolce Vita*, Fellini a recréé l'animation des rues de Rome dans l'enceinte des studios de Cinecittà.

«Je considère Rome comme mon appartement privé. C'est là que réside la séduction secrète de Rome. On n'a pas l'impression d'habiter une ville mais plutôt un appartement. Les rues sont comme des couloirs. Rome est toujours la mère. Rome est protectrice.»

Federico Fellini [23]

CI-CONTRE
Scène de *Roma* (1972)
Fellini mêle anectodes, interviews et séquences lyriques. Le film est servi par une galerie d'acteurs hétéroclites.

CI-DESSOUS
Scène de *Roma* (1972)
Fellini montre les différents métiers comme autant de numéros de spectacle. Dans le bordel des années trente, les femmes exposent leur marchandises aux clients comme des mannequins pendant un défilé de mode.

PAGE CI-CONTRE
Scène de *Roma* (1972)
Le pape fait son entrée en scène dans un accoutrement digne d'une star du rock.

CI-DESSUS
Scène d'*Amarcord* (1973)
Fellini se retrouve dans le rôle de Titta (Bruno Zanin, à gauche). Ici, il effleure le genou de Gradisca (Magali Noël) dans un cinéma.

PAGE CI-CONTRE, EN HAUT
Scène d'*Amarcord* (1973)
Biscein le mythomane prétend avoir couché avec chacune des trente femmes de l'émir lors du séjour de ce dernier au Grand Hôtel.

PAGE CI-CONTRE, EN BAS
Scène d'*Amarcord* (1973)
La buraliste (Maria Antonietta Beluzzi) étale ses charmes devant Titta.

« […] comme vous l'avez constaté dans ce film, je n'ai pas appris grand-chose à l'école. Pour compenser, je me suis énormément amusé. Plutôt que le grec, le latin, les mathématiques, la chimie, dont je ne me souviens absolument plus – pas un vers, une phrase, un nombre, une formule – j'ai appris à développer mon esprit d'observation. »

Federico Fellini[22]

« Rome, affirme Vidal, est la ville des illusions. » Avec *Roma*, le Maestro offre à son public un inoubliable voyage imaginaire.

Une fois achevée cette lettre d'amour à sa cité d'adoption, Fellini se retourne vers la ville de son enfance, Rimini. Les nombreuses scènes des *Clowns* ou de *Roma* puisées dans son enfance annoncent d'ailleurs le retour du Maestro à Rimini à l'aube de la cinquantaine. Ainsi, le numéro de *Vogue* de Noël 1972 présente des textes de Fellini qui évoque des souvenirs de sa jeunesse provinciale. *Amarcord*, qui succède à *Roma*, rassemble une série de caricatures de personnages qui ont hanté l'enfance du cinéaste. Le film écrit en collaboration avec Tonino Guerra a été tourné de janvier à juin 1972.

Amarcord est la chronique annuelle de la petite station balnéaire de Borgo, de toute évidence calquée sur Rimini. L'action qui se passe dans les années trente, commence et se termine par l'arrivée des vesses-de-loup qui signalent le début du printemps. Le film narre les exploits de Titta (Bruno Zanin), un espiègle adolescent de quinze ans. Chaque année, le printemps déverse sur Borgo des cars de touristes venus séjourner au Grand Hôtel. Titta et ses copains passent leur temps à multiplier les coups pendables en ville, provoquant les colères à répétition de son père, un homme grincheux et surmené. Dans cette petite bourgade de province imprégnée de culture catholique et d'idéologie fasciste, Titta et sa bande ont désespérément besoin de s'évader dans un univers fantastique – où le sexe féminin joue un rôle essentiel. Leurs obsessions occasionnent quelques énergiques séances de masturbation collectives qui reviennent les hanter dans le confessionnal. Parmi les aventures épisodiques de Titta, une excursion avec son oncle toqué, une étreinte au cinéma avec la Gradisca, la bombe sexuelle locale, et la contemplation du *Rex*, un transatlantique qui passe au loin, sur la mer. Le film se termine sur deux cérémonies qui marquent la fin de l'adolescence : l'enterrement de la mère de Titta et le mariage de la Gradisca qui quitte Borgo.

Quelques-unes des caricatures les plus réussies de Fellini émaillent *Amarcord*, à commencer par celle de l'avocat pontifiant qui fait office de narrateur,

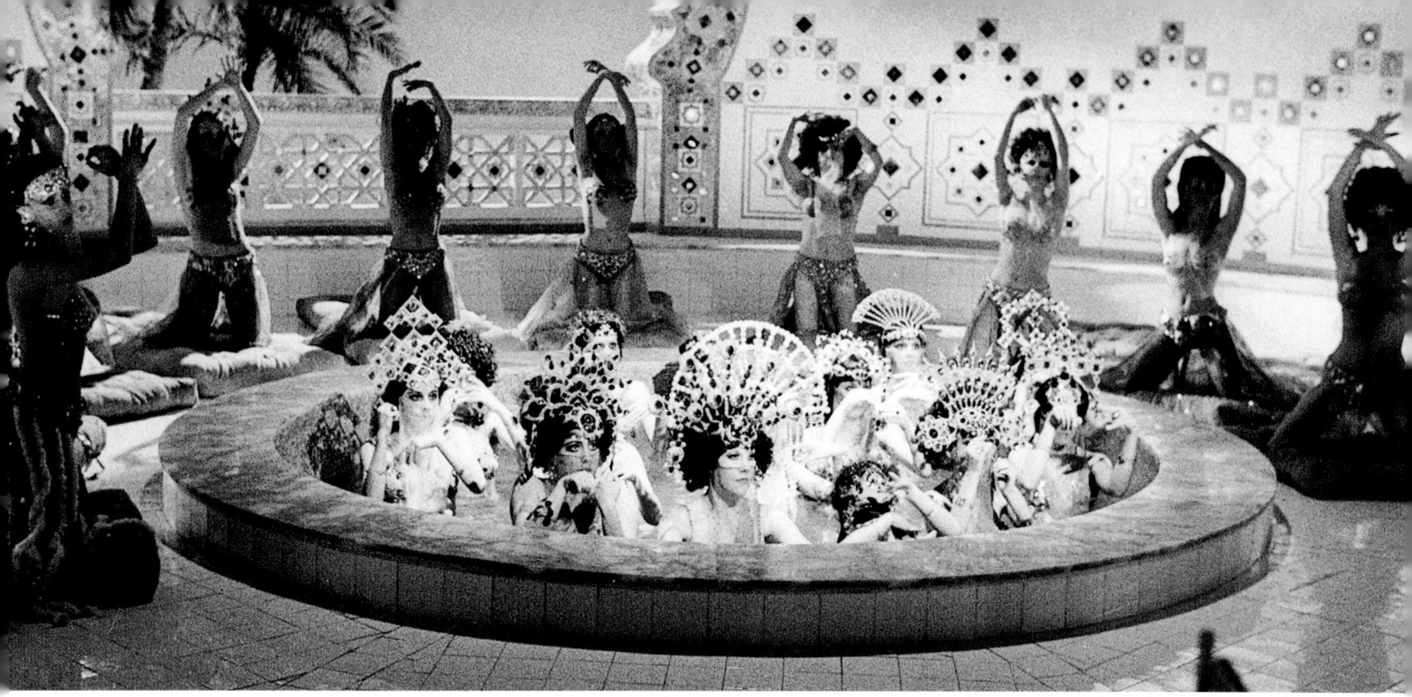

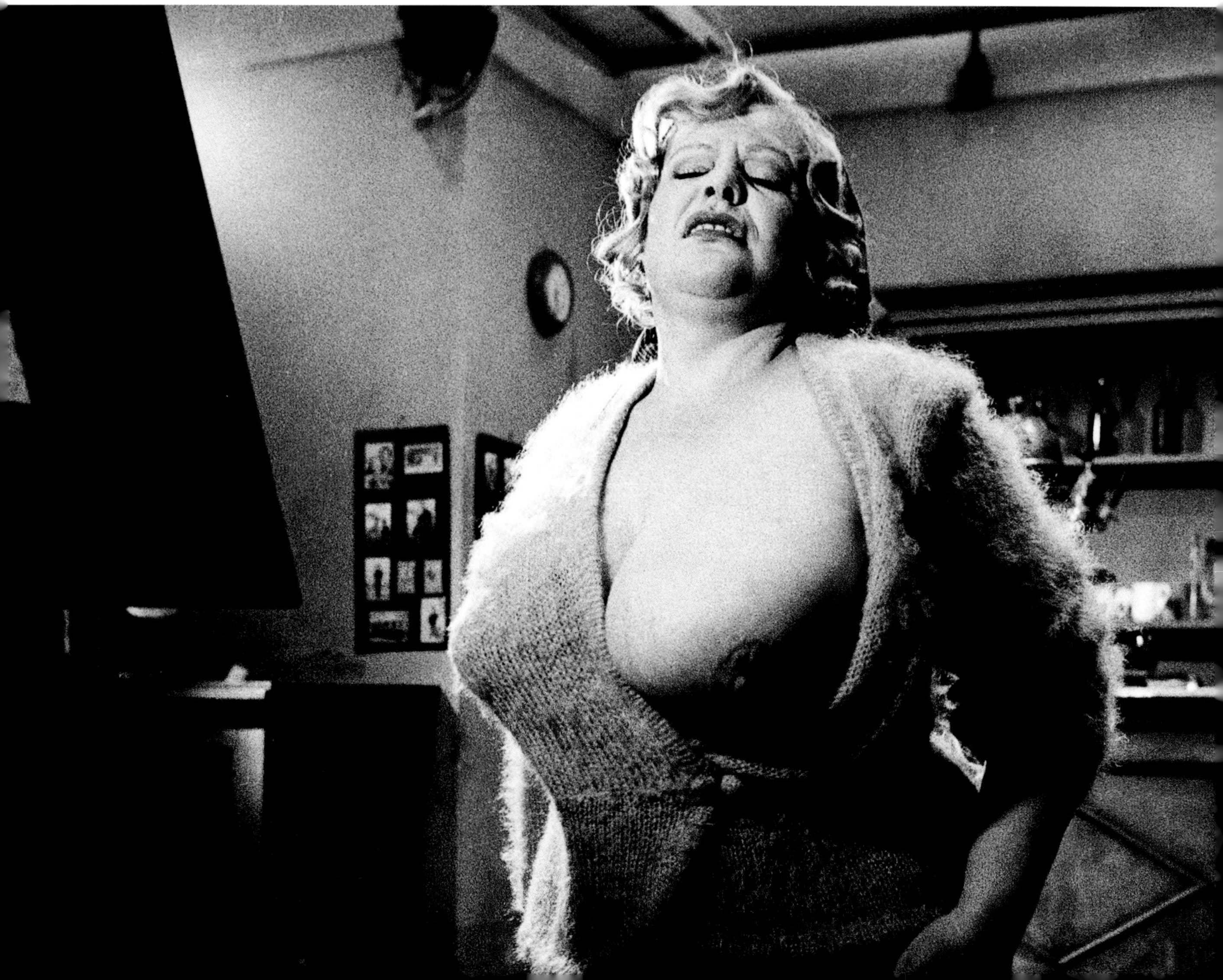

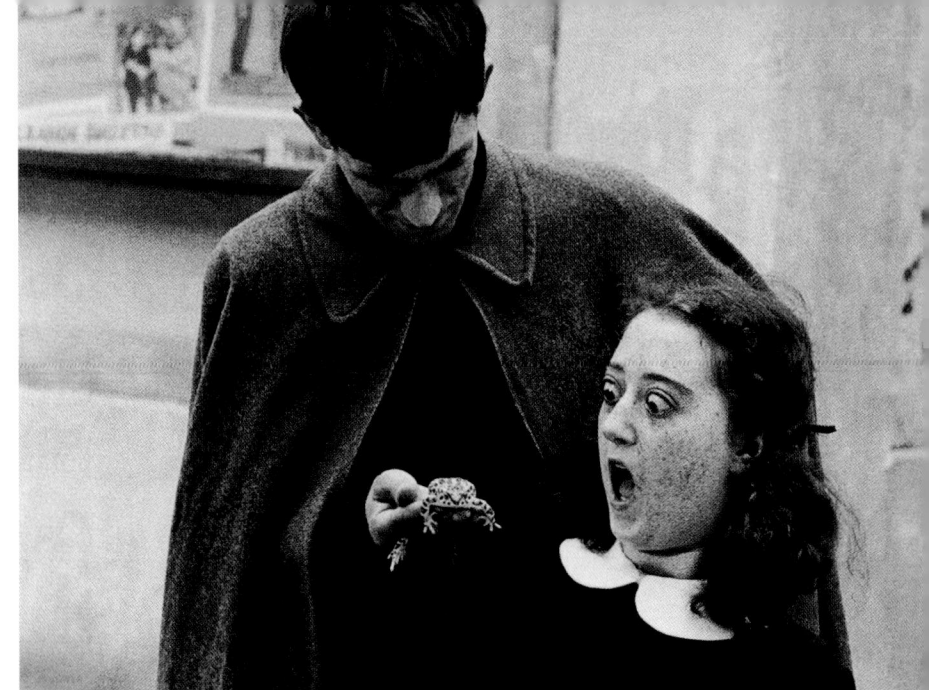

CI-CONTRE
Scène d'*Amarcord* (1973)
Les enfants restent des enfants.

CI-DESSOUS
Scène d'*Amarcord* (1973)
Dans une crise de démence, Volpina (Josiane Tanzilli), la nymphomane, erre dans les rues.

CI-CONTRE
Scène d'*Amarcord* (1973)
« Qui trop embrasse… ». Titta aux prises avec la buraliste, trop lourde pour ses petits bras.

CI-DESSOUS
Scène d'*Amarcord* (1973)
Miranda (Pupella Maggio, au centre), la mère de Titta, réprimande vertement son fils pour avoir uriné sur le chapeau de M. Blondi depuis le balcon du cinéma.

Scène d'*Amarcord* (1973)
Comme dans *Les Vitelloni*, ce film retrace les moments forts de la vie en communauté et en famille. Ici, la Gradisca fête son mariage avec l'officier de police Matteo.

ou encore le grand-père de Titta, un obsédé sexuel. Nombre des caricatures féminines, telle la sauvageonne de la ville, une fille aux cheveux blancs du nom de Volpina et qui rappelle Saraghina, évoquent des films antérieurs de Fellini. Borgo a aussi ses bandes de désœuvrés et l'idiot de la ville, Guidizio, apparaissait déjà dans *Les Vitelloni*. Les enfants y sont de toute évidence destinés à devenir des *vitelloni* à l'adolescence. *Amarcord*, comme *Les Vitelloni*, s'achève sur le départ symbolique de l'un des personnages principaux. Fellini est incapable de présenter un univers aussi fermé sans offrir une possibilité d'évasion à ceux qui la désirent vraiment. La dernière réplique du film (« Titta est parti il y a quelque temps ») évoque non seulement le départ final de son personnage, mais aussi le départ de Fellini lui-même de Rimini.

Le personnage de Titta est calqué sur Luigi Benzi, un ami intime du cinéaste. Dans une scène qui rappelle celle où Fausto essaie de séduire un étranger dans *Les Vitelloni*, Titta flirte avec Gradisca durant la projection de *Beau geste*, un film de William Wellman (1939). Fellini a affirmé que cet épisode s'inspirait de sa propre enfance, mais il s'agit en fait d'un événement de la vie de Benzi. (On retrouve cette anecdote transposée dans l'une des contributions de Fellini à *Marc'Aurelio*.) Nombre de scènes pittoresques d'*Amarcord* rappellent la propre jeunesse de Fellini. On sait qu'il multipliait les farces à l'école, espionnait les banquets et les bals donnés au Grand Hôtel et attendait avec impatience, sur le parvis de l'église, la sortie des femmes dotées des plus gros derrières de la ville.

Fellini a choisi de recréer Rimini plutôt que de retourner dans sa ville natale, la ville ayant été considérablement remaniée, notamment du fait des reconstructions de l'après-guerre. Il fit donc reconstruire le Fulgor à Cinecittà et les portes d'entrée des studios durent être agrandies. On dénicha un substitut acceptable du Grand Hôtel à Anzio. Mais l'une des gageures les plus redoutables dévolues à Danilo Donati, le décorateur, fut la création du transatlantique *Rex*, le paquebot personnel de Mussolini. Pour restituer l'effet désiré, il se servit d'une maquette qu'il fit évoluer devant des feuilles de polyéthylène.

L'humour d'*Amarcord* est constamment scabreux, les gags tournant principalement autour des fonctions du corps humain : roter, péter, uriner et se masturber sont les principales distractions des jeunes protagonistes du film. Cet humour scatologique se combine à une présentation satirique de la religion et du fascisme. Titta ridiculise les ecclésiastiques – qui pourtant l'effraient. Mussolini, le chef suprême, est lui aussi redouté. Ainsi, dans une séquence de mariage imaginaire, le spectateur croise le regard démoniaque du Duce. Dans une autre scène, on voit le père de Titta se faire réveiller en pleine nuit par un groupe de fascistes qui le traitent comme un anarchiste potentiel et l'emmènent dans un bureau où, pour l'humilier, on lui fait ingurgiter de force de l'huile de ricin.

Amarcord fut le dernier grand succès commercial de Fellini. Sélectionné pour l'ouverture du Festival de Cannes de 1973, il vaut par ailleurs au Maestro un nouvel Oscar du meilleur film étranger à Hollywood. La fin de la décennie

CI-DESSUS
Scène d'*Amarcord* (1973)
Les Chemises noires sont tournées en ridicule par Fellini. Jeune garçon, Fellini avait appartenu au Mouvement des jeunesses fascistes ; en 1937, un magazine fasciste l'avait rétribué pour des caricatures de garçons lors d'un camp.

DOUBLE PAGE SUIVANTE
Scène d'*Amarcord* (1973)
La ville entière a pris place dans des embarcations pour accueillir triomphalement le paquebot *Rex* de retour d'Amérique.

fut moins propice au cinéaste qui devait voir les critiques, jusqu'alors fidèles, se détacher peu à peu de lui. Tandis qu'il avait apparemment exorcisé une fois pour toutes les démons de son enfance avec *Amarcord*, il se tourna ensuite vers une des figures historiques les plus célèbres d'Italie, Casanova, le prototype du *latin lover* de l'époque des Lumières.

L'autobiographie de Casanova, *L'Histoire de ma vie jusqu'à l'an 1797*, avait paru en 1960. Au-delà de sa vie sentimentale et sexuelle haute en couleur, l'auteur y apparaissait sous les traits d'un intellectuel au tempérament raffiné et artiste avec des aspects un peu filous, à l'image d'un *bidonista*. Fellini prépara le tournage en étudiant les *Mémoires de Casanova* avec Zapponi, son coscénariste. Mais le cinéaste, vite lassé de ce travail, décida de tourner sa propre version. Le tournage de *Casanova*, avec un budget de 10 millions de dollars, fut le plus coûteux jamais entrepris par le Maestro.

Pour le rôle principal, Fellini choisit Donald Sutherland, dont les scènes d'amour charnel étonnamment réalistes avec Julie Christie dans *Ne vous retournez pas* (1973) avaient fait sensation. (Fellini avait brièvement rencontré l'acteur en 1970 sur le tournage d'*Alex au pays des merveilles*, de Paul Mazursky, dans lequel Sutherland joue le rôle d'un réalisateur qui poursuit Fellini pour lui demander un conseil.) Le choix de Fellini fut contesté et même tourné en dérision par certains critiques. Mastroianni avec sa réputation et son charisme n'aurait-il pas constitué un meilleur choix ? Fellini ne voulut pas en démordre et préféra Sutherland qu'il décrivit en ces termes au journaliste Costanzo Costantini : «Un grand personnage en cire plein de sperme avec les yeux d'un masturbateur »[17]. Sutherland, redoutant le metteur en scène italien, arriva sur le plateau en ayant beaucoup réfléchi à son rôle. Fellini lui demanda aussitôt de tout oublier. Le tournage fut épuisant pour Sutherland, astreint chaque jour à un maquillage complexe (rasage partiel des cheveux et épilation des sourcils, entre autres) qui rehaussait l'expression de son visage. L'acteur est présent dans presque toutes les scènes du film.

Pour Fellini, Casanova est un *stronzo* – un «couillon». Dans son film, l'amant insatiable est un personnage dissipé, mélancolique et mécanique. (Fellini le comparait à une marionnette, un Pinocchio qui n'aurait jamais grandi.) Le film s'ouvre sur une de carnaval typiquement fellinienne, à Venise, au cours de laquelle une statue de Vénus est à moitié hissée hors du canal. Avec ses yeux bleus bulbeux, la statue est un motif d'ouverture aussi puissant que la figure du Christ dans *La Dolce Vita*. Venise est présentée comme une mêlée bigarrée où se confondent lanternes, masques et feux d'artifices. Alors que la foule se disperse, Casanova séduit une nonne avec laquelle il fait l'amour machinalement. Leur performance est observée par l'oiseau mécanique de Casanova (qui bat pathétiquement des ailes, pendant les va-et-vient de son propriétaire) et par un ambassadeur français voyeuriste.

Après cet interlude, Casanova est arrêté et incarcéré – entre autres motifs pour pratique de la magie noire. Il s'évade, gagne Paris et voyage à travers l'Europe, allant de ville en ville et multipliant les conquêtes féminines. Le séducteur italien n'a pas de type bien défini : les femmes qu'il attire varient considérablement par leur taille, leur caractère, leur nationalité. Ainsi, Anna Maria est une jeune fille malade, à laquelle il fait subir une «cure» originale en la soumettant à sa frénésie sexuelle. Madame d'Urfé est, quant à elle,

Scène de *Casanova* (1976)
Annamaria (Clarissa Roll), la brodeuse anémique qui doit subir des saignées depuis sa plus tendre enfance, est subitement guérie par Casanova (Donald Sutherland) après une nuit d'amour.

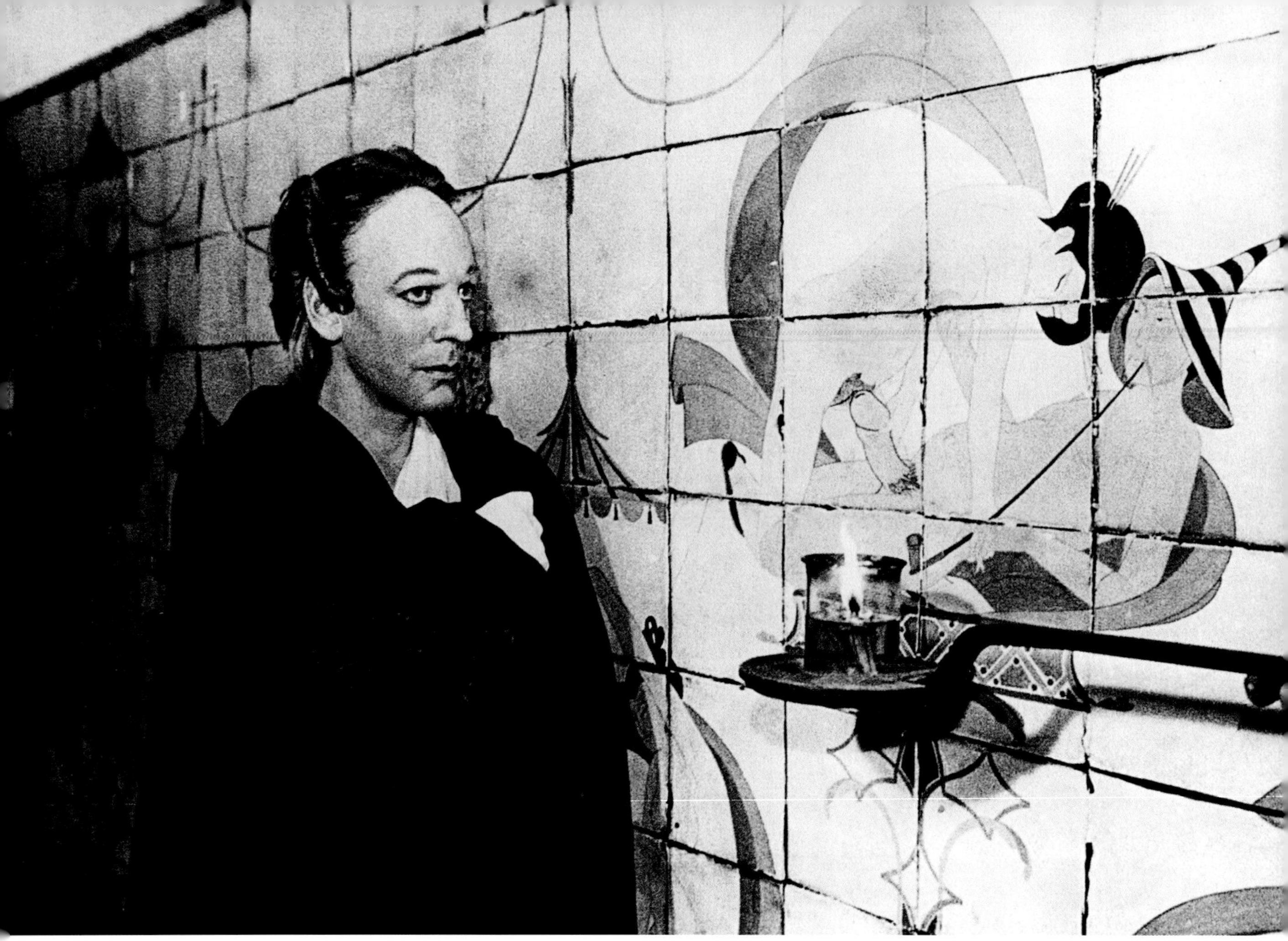

CI-DESSUS
Scène de *Casanova* (1976)
Sœur Maddalena montre à Casanova
ce qu'elle attend de lui.

CI-CONTRE
Scène de *Casanova* (1976)
L'acte sexuel devient répétitif chez Casanova,
mais il a un besoin irrépressible de toujours
recommencer. Ici, on le voit en train de
s'échauffer avant une épreuve d'endurance
sexuelle.

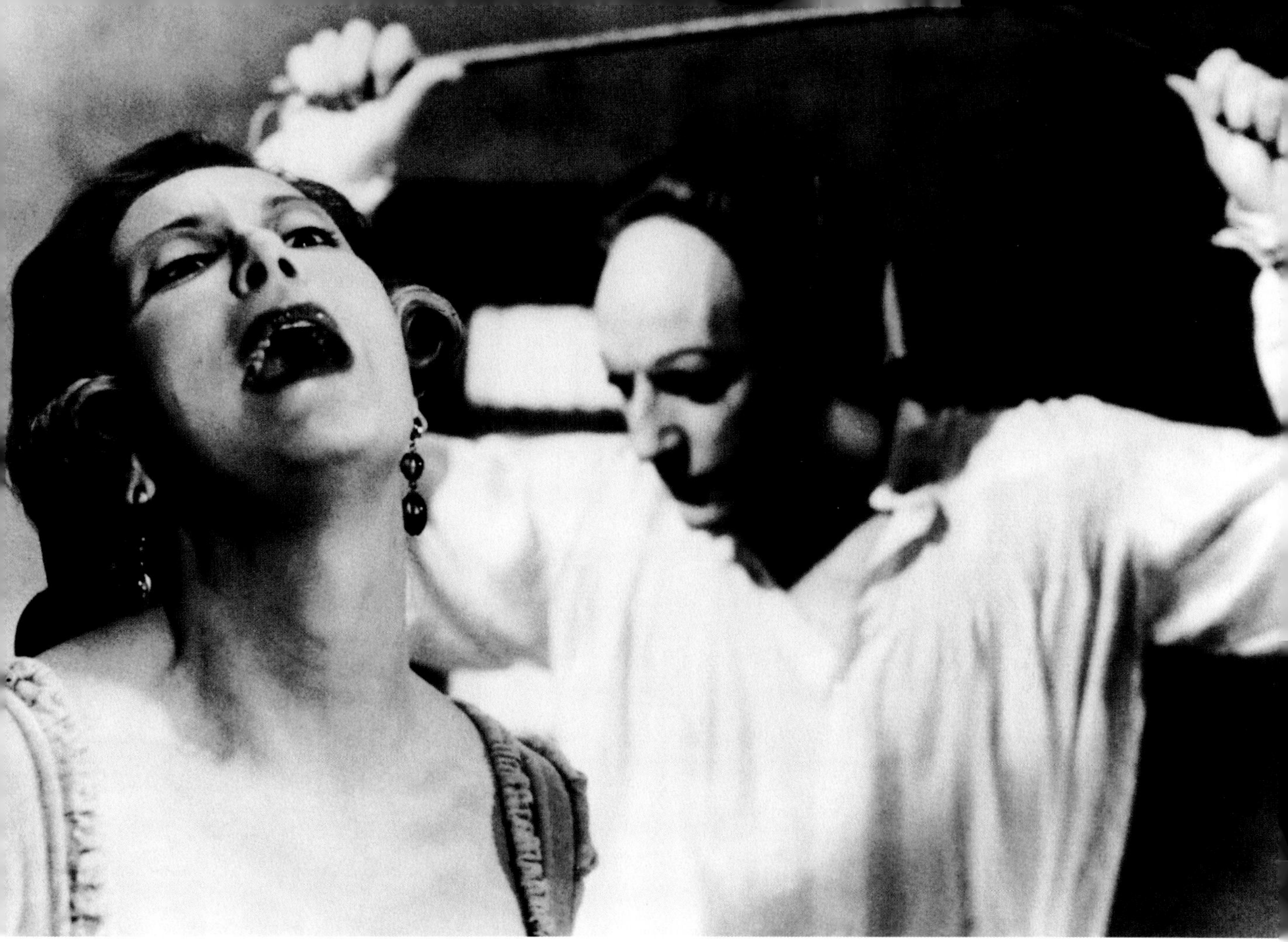

CI-DESSUS
Scène de *Casanova* (1976)
Tous les types de femmes sont attirés par Casanova et il est incapable de dire non. Ici, on le voit en train de fouetter Giselda (Daniela Gatti).

CI-CONTRE
Scène de *Casanova* (1976)
Les prières de sœur Maddalena (Margaret Clementi) sont exaucées.

DOUBLE PAGE SUIVANTE
Scène de *Casanova* (1976)
Casanova est porté en triomphe après avoir remporté une épreuve d'endurance sexuelle consistant à copuler avec le plus grand nombre de partenaires.

153

convaincue que le sperme de Casanova a le pouvoir de la rendre immortelle. À Parme, le séducteur s'éprend de la belle Henriette, mais celle-ci l'abandonne au beau milieu de la nuit. Cette rebuffade lui fait un instant envisager le suicide. Il gagne pourtant Rome où il retrouve son enthousiasme habituel, allant jusqu'à proposer une compétition assez particulière à un cocher : le gagnant sera celui qui accomplira l'acte sexuel le plus grand nombre de fois en une heure. Casanova remporte l'épreuve. En Suisse il assouvit son goût des sensations inédites lors d'une soirée avec une actrice bossue. À Dresde, il croise brièvement sa vieille mère qui se désintéresse de son sort. Au soir de sa vie, fatigué de ses périples, il découvre avec ravissement une poupée mécanique dont il décide de faire sa maîtresse. C'est son propre reflet qu'il a rencontré dans cette mécanique sans âme et leur union est celle de deux automates. Casanova termine sa vie comme bibliothécaire du comte de Waldstein, raillé par les domestiques de ce dernier qui apposent l'un de ses autoportraits sur un mur des toilettes et le maculent d'excréments. Pour les domestiques comme pour Fellini, Casanova n'est au bout du compte qu'un pauvre *stronzo*.

Fellini comparait *Casanova* à *La Dolce Vita*. Les deux films exposent deux univers assez comparables de débauche morose. Comme Marcello, Casanova passe d'une orgie à la suivante, d'un lit à l'autre. Pour l'essentiel, *Casanova* est un nouveau conte picaresque. Comme *La Dolce Vita* et *Satyricon*, le film au 54 décors, servi par une distribution de 600 acteurs et figurants, était une superproduction, mais son budget surpassa encore celui des films précédents. On parla à l'époque du film le plus cher de tous les temps. Comme *Satyricon*, *Casanova* comporte le meilleur et le pire de Fellini. Le principal défaut du film concerne la conception discutable du personnage principal. Comme ses *Mémoires* le prouvent, le séducteur effréné était aussi un citoyen du monde engagé dans les luttes politiques et idéologiques de son temps. Homme de lettres et mathématicien, il s'intéressait à l'économie, aux sciences et à l'occultisme. À l'image de l'ambassadeur français qui regarde Casanova forniquer, Fellini ne laisse pourtant à ce personnage complexe aucune chance de se défendre.

Casanova fut un échec commercial dans le monde entier – sauf au Japon. Les réactions critiques au film furent mitigées. La sincérité d'*Amarcord* avait conquis le public ; *Casanova*, étude froide et vide d'émotions, fut boudé par les spectateurs. On reprocha par ailleurs à Fellini une vision de la femme-objet aux antipodes de celle de Casanova. La virtuosité du cinéaste reste néanmoins indéniable et *Casanova* apparaît comme une œuvre exceptionnelle par certains aspects. Nino Rota a composé une partition inoubliable, avec notamment l'invention d'un thème de boîte à musique pour l'oiseau mécanique du protagoniste. La prestation de Sutherland est extraordinaire et la reconstitution de Venise, éblouissante (les costumes de Danilo Donati ont été couronnés par une pléthore de prix). Pourtant, la critique de Vincent Canby pour le *New York Times* résumait l'opinion générale : « Federico Fellini vient de créer un nouveau film à grand spectacle – impressionnant mais singulièrement dénué de joie. »[18] Quoi de plus lassant que d'assister aux performances sexuelles répétitives d'un protagoniste sans âme ?

Scène de *Casanova* (1976)
Incapable de trouver une quelconque excitation auprès des femmes, Casanova tombe amoureux de Rosalba (Adele Angela Lojodice), une poupée mécanique qui se révèle être son propre reflet.

Sur le tournage de *Répétition d'orchestre* (1979)
Fellini dirige une scène.

«Je ne suis pas un orateur, un philosophe
ou un théoricien, je ne suis qu'un conteur
et le cinéma est mon travail.»

Federico Fellini[21]

Avec son film suivant, *Répétition d'orchestre*, Fellini reproduisit un schéma bien établi : à une superproduction baroque et ruineuse succéda un projet aux ambitions plus modestes. *Répétition d'orchestre* est en effet une brève parabole sur un orchestre livré au chaos, tournée en seize jours dans un décor unique. Le film s'inspire de l'enlèvement et de l'exécution par les Brigades rouges de l'ex-premier ministre Aldo Moro, en 1978. *Répétition d'orchestre* se déroule dans un ancien oratoire où les musiciens d'un orchestre prennent place pour répéter une symphonie. Les uns écoutent un match de football à la radio, d'autres lisent des magazines obscènes et deux d'entre eux discutent même des qualités psychanalytiques de *Huit et demi*. Une équipe de télévision filme la répétition. Des disputes éclatent entre les musiciens sur l'importance de leurs instruments respectifs que tous ont tendance à surestimer. Le ton dictatorial du chef d'orchestre, un homme au comportement théâtral («Je devrais tous vous castrer!», hurle-t-il notamment) achève d'exaspérer les instrumentistes qui refusent de se laisser mater et finissent par se liguer contre lui. Tandis que la grosse caisse fait entendre un roulement de tambour tribal, les musiciens déchaînés scandent des slogans ou les taguent sur le mur, un couple fait l'amour sous le piano et des algarades éclatent entre les différentes sections de l'orchestre. En guerre ouverte contre leur chef et la musique qu'ils sont contraints de jouer, les musiciens déclenchent une émeute. Mais soudain, les murs s'effondrent, transpercés par un énorme boulet d'acier ; la répétition peut enfin reprendre.

Répétition d'orchestre est le moins fellinien des films réalisés par le cinéaste dans les années soixante-dix, sinon de toute sa carrière. Avec son décor rigoureusement contemporain, son budget modeste, le film est l'antithèse de *Casanova*. Il est néanmoins très ambitieux et le résultat est au moins aussi détonant. Essai ironique et détaché sur les démons du totalitarisme, *Répétition d'orchestre* représente la première prise de position politique de Fellini qui avait jusque là refusé de mettre en avant ses positions personnelles. Le film est sous-titré *Le Déclin de l'Occident en do dièse majeur* en référence au *Déclin de l'Occident*, l'ouvrage d'Oswald Spengler. *Répétition d'orchestre* est une proclamation étonnamment «objective» de la part d'un cinéaste qui n'a cessé de réaffirmer sa subjectivité. Les rapprochements possibles avec les films antérieurs sont légion. La passion de la caricature, si évidente dans *Amarcord*, est omniprésente dans *Répétition d'orchestre*. Nombre des acteurs du film sont d'authentiques musiciens choisis par Fellini lui-même. Comme dans *Amarcord*, l'histoire est narrée par un personnage sympathique et rabâcheur. À l'instar de *Huit et demi*, *Répétition d'orchestre* explore le monde de l'art et raconte une œuvre en train de naître – non seulement la répétition de la symphonie mais aussi le reportage de l'équipe de télévision. Fellini, enfin, ne peut s'empêcher de comparer son rôle de cinéaste à celui d'un chef d'orchestre (lequel se fait appeler «maestro» dans le film).

À la différence de bon nombre d'œuvres tardives de Fellini, *Répétition d'orchestre* a bien surmonté l'épreuve du temps. Réflexion sur les principes qui doivent guider l'être humain en un temps de chaos, le film prend un sens accru à une époque où le terrorisme mondial est sur le deavnt de la scène. Il fut présenté en avant-première au palais du Quirinal, à un parterre de politiciens qui lui réservèrent un accueil glacial. Commandé par la RAI, *Répétition d'orchestre* fut néanmoins distribué en salle et le public italien plébiscita le film. Cette parabole politique semblait marquer un tournant dans la carrière du cinéaste italien. Mais avec son film suivant, Fellini s'empressa de démentir ce présage.

CI-DESSUS
Scène de *Répétition d'orchestre* (1979)
Dans cette allégorie politique, l'orchestre finit par se révolter contre le chef d'orchestre.

CI-CONTRE
Sur le tournage de *Répétition d'orchestre* (1979)
Fellini lui-même jouait souvent de la musique sur les plateaux de tournage. Il pratiquait aussi bien le xylophone que le trombone ou encore, comme ici, la trompette.

CI-CONTRE
Scène de *La Cité des femmes* (1980)
Snaporaz (Marcello Mastroianni) commence sa plongée dans le passé et voit défiler ses souvenirs sexuels au fur et à mesure qu'il glisse sur le grand toboggan.

CI-DESSOUS
Scène de *La Cité des femmes* (1980)
De jeunes hommes alignés dans un lit se masturbent tout en regardant des films. L'argument de Fellini est que l'image de la femme dans les films n'est que la projection des fantasmes sexuels des hommes, et non la réalité.

La Cité des femmes marque le retour à des thèmes felliniens bien connus (peut-être trop connus). Le film, qui s'ouvre par un voyage en train, explore les thèmes de la sexualité, du voyeurisme et du rêve. Une fois de plus, Mastroianni est chargé de représenter le Maestro à l'écran. («Encore avec Marcello? Maestro, s'il vous plaît!», s'esclaffe une voix féminine alors que défile le générique de début.)

C'est au cours d'une conversation avec Ingmar Bergman qu'est née l'idée de *La Cité des femmes*. Les deux cinéastes décidèrent de collaborer à un film en deux parties avec un thème commun. Bergman devait filmer une histoire d'amour tandis que Fellini et son coscénariste Zapponi travaillaient à l'histoire d'un séducteur confronté à un groupe de féministes en colère. La collaboration entre les deux metteurs en scène (le film devait s'appeler *Duo d'amour*) en resta là. En revanche, chacun des deux projets mûrit et devint un film à part entière. *Le Lien* (*The Touch*), le film de Bergman, fut le premier que le cinéaste réalisa en anglais. Le film sortit en 1970. *La Cité des femmes* de Fellini ne devait être réalisé qu'une décennie plus tard. Il porte la marque de l'amitié du cinéaste pour l'écrivain Georges Simenon qui, à l'époque de *La Dolce Vita*, avait pesé sur le vote du jury de Cannes en faveur de Fellini. Simenon, qui se targuait d'avoir couché avec plus de 10 000 femmes, est l'un des modèles du docteur Katzone, l'un des principaux personnages du film.

Comme d'habitude, Fellini eut quelques difficultés à trouver un producteur. Le premier, Bob Guccione, éditeur du magazine *Penthouse*, s'étant retiré en apprenant que le cinéaste dépassait son budget, Daniel Toscan du Plantier prit la relève. Le tournage fut marqué par deux événements tragiques: la mort de Nino Rota, puis celle d'Ettore Manni, le comédien qui incarnait Katzone, après six semaines de tournage. Les scénaristes durent réécrire le script. Mais les ennuis de Fellini ne s'arrêtèrent pas là: Mastroianni contracta un orgelet infecté, pour lequel il dut subir plusieurs interventions et le cinéaste lui-même se cassa le bras, ce qui stoppa le tournage pendant une semaine. Que le film ait malgré tout pu être achevé, tient en fin de compte d'un petit miracle.

L'histoire commence dans un train. Le héros, Snaporaz, est attiré par une femme mystérieuse. Le train s'arrête dans une gare, la femme en descend. Snaporaz la suit

CI-CONTRE
Scène de *La Cité des femmes* (1980)
Les femmes s'habillent et se comportent comme des hommes : elles incarnent tour à tour des clowns, des boxeurs ou des stars du rock. De nombreux critiques ont considéré cette représentation de la femme par Fellini comme simpliste et unidimensionnelle.

CI-DESSOUS
Scène de *La Cité des femmes* (1980)
Les marginaux auxquels Fellini a donné une large place dans ses œuvres ont davantage été perçus comme des caricatures que comme de véritables personnages de films.

à travers la forêt, mais perd sa trace. En cherchant à sortir de cette forêt, il arrive à un hôtel où se tient un congrès assez particulier. Des hordes de féministes en colère y débattent en effet de sujets brûlants : le mariage, la masturbation, les rapports sexuels et la fellation. Snaporaz repère la femme du train mais elle le ridiculise devant la foule de ses consœurs. Il s'enfuit de la convention, mais essuie une tentative de viol par l'une des congressistes, une motarde qui l'a pris en stop, après quoi il est enlevé par un groupe d'adolescentes déchaînées. Snaporaz se réfugie alors dans la maison du docteur Katzone, sorte de don Juan décati sur le point de célébrer sa 10 000ᵉ conquête. Dans l'une des scènes les plus marquantes et célèbres du film, Snaporaz passe dans une galerie où Katzone lui fait écouter les enregistrements sonores de ses ébats avec ses ex-maîtresses. Il revoit aussi les femmes de son enfance, celles-là même qui sont à l'origine de ses fantasmes érotiques, s'avancer en une étrange procession. Le séjour de Snaporaz est interrompu par l'intrusion d'un groupe de féministes survoltées qui l'emmènent pour instruire son procès. Il s'enfuit de nouveau, accroché à un énorme ballon gonflé à l'air chaud aux formes féminines. Mais, alors qu'il s'élève dans les airs, un tireur embusqué ouvre le feu sur son aérostat et, au terme de sa chute, il reste suspendu dans le vide, oscillant, impuissant. Retour dans le compartiment de la première scène : Snaporaz se réveille brusquement, il est assis en face de sa femme. « Qu'est-ce qui te tourmente ? », lui demande cette dernière, tandis que Snaporaz jette autour de lui des regards hébétés. « Ça fait deux heures que tu marmonnes et que tu pleurniches dans ton sommeil ! »

On ignore l'étendue des succès de Snaporaz avec les femmes dans la vie réelle, mais il est clairement présenté comme une sorte de Casanova des temps modernes. *La Cité des femmes* rappelle aussi les autres projets ambitieux du cinéaste qui ont pâti de délais trop serrés, d'une distribution inadaptée et d'un budget mal maîtrisé. C'est dans *Huit et demi*, dans la séquence du harem où l'on voit les femmes se révolter contre leur maître Guido, que le film prend sa source. Avec une intention affectueuse, l'une de ces femmes surnomme d'ailleurs Guido « Snaporaz », un sobriquet dont Fellini avait affublé son ami Mastroianni. Snaporaz, comme Guido, essaie de se comprendre soi-même à travers une analyse du rôle des femmes dans sa vie.

CI-DESSUS
Scène de *La Cité des femmes* (1980)
Snaporaz admire la galerie de son ami,
le docteur Katzone, où défilent, sur un fond
sonore, les photos de ses dix mille conquêtes
sexuelles.

CI-CONTRE
Scène de *La Cité des femmes* (1980)
Snaporaz interprète un numéro de chant
et de danse avec Sara (Rosaria Tafuri)
et Donatella (Donatella Damiani) lors d'une
fête privée donnée par le docteur Katzone.

Sur le tournage de *La Cité des femmes* (1980)
La production fut émaillée d'une série de décès, de naissances, de mariages, d'accidents, de maladies, d'explosions, de grèves, etc. Fellini lui-même se cassa un bras.

On retrouve des thèmes déjà exploités dans des films antérieurs, et même des séquences entières. Par exemple, on peut voir dans l'une des scènes une bande d'adolescents, allongés dans un lit, en train de se masturber devant des images de Mae West projetées sur un immense écran de cinéma. (Fellini avait contacté à plusieurs reprises l'actrice américaine pour lui demander de jouer dans ses films. Mae West ne donna pas suite.) Dans *Amarcord*, on voyait déjà un groupe de garçons se masturber collectivement dans une voiture en hurlant les noms des femmes qu'ils désiraient.

Selon Fellini, *La Cité des femmes* relève presque exclusivement de l'univers onirique. Comme dans *Juliette des esprits*, autre tentative pour pénétrer dans la psyché féminine, Fellini joue sur deux niveaux : il échafaude une immense structure onirique dans laquelle il insère les rêveries de son personnage. Le film fut à l'époque taxé d'antiféminisme. Les critiques raillèrent son symbolisme freudien trop ostentatoire (Katzone embrasse et caresse une statue de sa mère, le train de Snaporaz emprunte un tunnel hitchcockien dans la scène initiale et dans la scène finale). En un sens, Fellini se protège lui-même par le recours au genre comique et à une structure onirique. Cette pirouette lui permet de livrer une œuvre qui ne peut être considérée comme une étude sérieuse de la femme moderne ou des rapports amoureux et sexuels contemporains, mais simplement comme une comédie ou une fantasmagorie. Malheureusement, cette tentative se solda par un échec : le rapport immature de Snaporaz aux femmes, mêlant répulsion et attraction, est assez déplaisant et le film, à la fois ampoulé et ennuyeux, recèle toute une série de défauts communs aux films tardifs de Fellini : le Maestro se répète.

Les dernières années 1983–1993

Avec *Huit et demi*, *Bloc-notes d'un cinéaste*, *Les Clowns* et *Roma*, Fellini scrute l'industrie du cinéma sous différents angles. Au début des années quatre-vingts, c'est vers l'opéra qu'il se tourne avec *Et vogue le navire*, avant de se pencher sur les coulisses de la télévision avec *Ginger et Fred*. Il reviendra ensuite au monde du cinéma avec *Intervista*.

Et vogue le navire est un film tout empreint de nostalgie. Les cendres d'une célèbre cantatrice, Edmea Tetua, sont emportées à bord du *Gloria N.* pour être dispersées en mer, à proximité de l'île d'Erimo. Parmi la foule de personnes conviées à cette ultime cérémonie figurent un grand-duc prussien et une troupe de chanteurs d'opéra. Fellini suit méthodiquement les différentes étapes de ce rituel (un épisode authentique des débuts de la guerre de 1914–1918) en utilisant une structure narrative assez simple. Comme *Répétition d'orchestre*, le film est raconté à la première personne par un narrateur, le journaliste Orlando (Freddie Jones) qui se présente au début du film. (Umberto Zuanelli, le copiste de *Répétition d'orchestre*, réapparaît dans *Et vogue le navire*, dans un rôle secondaire.) On voit se développer différentes petites intrigues à bord, jusqu'à ce que, le troisième jour, le capitaine recueille des naufragés serbes. Ce groupe d'intrus va être tenu à l'écart par la plupart des passagers, d'abord méfiants et soupçonneux. Mais les Serbes sont finalement adoptés, après une scène de danse spontanée dont l'entrain a gagné les autres passagers. Quand arrive une flotte austro-hongroise dont le commandant exige que les Serbes lui soient livrés, on met ceux-ci dans un canot de sauvetage mais l'un des Serbes lance une bombe contre le vaisseau amiral austro-hongrois qui réplique en canonnant le *Gloria N.*, qui sombre. Orlando, frappé de stupeur, parvient à s'enfuir en chaloupe.

Le choix d'une partition composée d'extraits d'opéras comme accompagnement musical du film est inhabituel chez Fellini. Malgré la riche tradition lyrique de son pays et l'apport considérable de Nino Rota, son plus proche collaborateur dans ce domaine, Fellini n'a jamais fait montre d'un grand intérêt pour cette forme d'art, hormis dans *Répétition d'orchestre*, où l'orchestre fonctionne avant tout comme métaphore de la société. Mais au-delà de cet arrière-plan lyrique, le film se veut avant tout un hommage à la riche histoire du cinéma. Les premières minutes constituent un bref rappel de l'évolution de l'art cinématographique au XXe siècle. La séquence du début en noir et blanc, tremblotante, avec ses cartons de sous-titres au lettrage

Scène de *Et vogue le navire* (1983)
Le rhinocéros transi d'amour est chargé sur le *Gloria N.*

« J'adore Cinecittà. J'y ai passé les moments les plus heureux de ma vie professionnelle. C'est mon usine, c'est là que je travaille et c'est un bon outil de travail. »

Federico Fellini[21]

Scène de *Et vogue le navire* (1983)
Le journaliste Orlando (Freddie Jones) discute avec l'ingénue Dorothée (Sara Jane Varley) et essaie de lui soutirer des potins sur les célébrités voyageant à bord du *Gloria N.*, un peu comme Marcello dans *La Dolce Vita*.

désuet, parodie un film muet. (Fellini disait qu'il voulait que les personnages de l'histoire expriment le même sentiment que « celui qu'on éprouve quand on contemple une vieille photo »[19].) L'action, qui est accélérée, comme dans les premiers films muets, est accompagnée du seul bruit du projecteur qui tourne. Le noir et blanc vire aux tons sépia puis, brusquement, à la couleur, tandis que les effets sonores cèdent la place à un véritable accompagnement musical. *Et vogue le navire* reproduit donc l'évolution stylistique du cinéma, sauf dans la dernière bobine où le même processus s'inverse, laissant au spectateur un arrière-goût nostalgique.

Comme les grandes productions felliniennes des décennies précédentes, *Et vogue le navire* fut un projet ambitieux : 16 semaines de tournage, plus de 100 acteurs (dont beaucoup de Britanniques) et dix plateaux de Cinecittà réquisitionnés. Le studio n° 5 abrita le pont entier du *Gloria N.*, dont la coque était peinte en trompe-l'œil sur le mur d'une usine de pâtes romaine. Comme pour certains des décors de ses films précédents, l'artificialité de ceux-ci était clairement revendiquée. (Une femme commente un coucher de soleil en disant : « Ça a l'air peint », et ça l'est en effet.) À mesure que le film progresse, Fellini-le-mage, en véritable pédagogue de l'illusion, prend plaisir à faire pénétrer le spectateur dans les coulisses pour lui révéler les secrets de fabrication du film. À la fin, la fausse mer, œuvre de Dante Ferretti, est exposée aux yeux des spectateurs – comme l'océan d'*Amarcord* construit en studio par Danilo Donati –, révélant une masse de feuilles de plastique noir sur lesquelles sont peints des reflets scintillants.

Et vogue le navire est le troisième film historique de Fellini après *Satyricon* et *Casanova*, et sa première œuvre dont l'action se déroule hors d'Italie. Il reprend

deux thèmes chers à Fellini et désormais familiers : le voyage et la mer. Comme nous l'avons vu, dans nombre de films du Maestro, la mer compose un paysage symbolique et essentiellement mélancolique. Son intérêt pour le voyage rejoint sa fascination pour l'élaboration de l'œuvre – dont ce film présente une nouvelle variante avec la recherche journalistique d'Orlando. Ce dernier, énième journaliste fellinien sur une liste déjà longue, interviewe plusieurs invités sur un ton qui rappelle les autres reporters des documentaires-fictions du Maestro. Le genre de personnages qu'il questionne, pour la plupart des aristocrates ou des célébrités, n'est pas sans évoquer ceux que Marcello Rubini pourchasse sur la via Veneto dans *La Dolce Vita*.

Le rythme fluide du film, son ton léger, ainsi que la verve narrative d'Orlando sont à porter au crédit du cinéaste. L'efficacité du comique de caractère sur lequel repose ce divertissement ne se dément pas. Comme dans *Répétition d'orchestre*, les individus marquants de chaque groupe sont bien dessinés ; le vieux maître n'a pas perdu son talent de caricaturiste. Le film dépeint un groupe plutôt disparate, puisqu'il regroupe aussi bien les aristocrates du pont des premières classes que les soutiers de la salle des machines, si bien que les occupants du *Gloria N.* (comme toutes les petites collectivités que décrit Fellini) forment un microcosme de la société. Œuvre remarquablement juvénile pour un metteur en scène qui approche les 70 ans, *Et vogue le navire* dénote une inventivité très alerte. Ainsi, les interludes musicaux, souvent mal intercalés dans les premiers films, sont ici parfaitement intégrés dans la narration. Ce film, l'un des plus accessibles du maître romain, fut présenté hors compétition au Festival de Venise et le public lui réserva un accueil beaucoup plus chaleureux qu'à la très controversée *Cité des femmes*.

CI-DESSUS
Scène de *Et vogue le navire* (1983)
Le navire de guerre austro-hongrois fait route vers le *Gloria N* pour recueillir les Serbes montés à bord du paquebot la nuit précédente.

CI-CONTRE
Scène de *Et vogue le navire* (1983)
Les cendres de la célèbre cantatrice Edmea Tetuo sont dispersées au large de l'île d'Erimo.

DOUBLE PAGE SUIVANTE
Scène de *Et vogue le navire* (1983)
Orlando aide le rhinocéros à s'enfuir du *Gloria N.* en train de sombrer.

Scène de *Ginger et Fred* (1985)
Aurelio (Franco Fabrizi) présente un show télévisé absurde.

« La télévision détruit tout. »

Federico Fellini [20]

Pour son projet suivant, Fellini eut de nouveau recours à une structure narrative traditionnelle. *Ginger et Fred* était, à l'origine, conçu pour une série de télévision dont chaque épisode devait être réalisé par un cinéaste de renom (Antonioni et Zeffirelli, notamment). Comme tant d'autres projets similaires, celui-ci ne put aboutir. Fellini, décidé à tourner son film coûte que coûte, réussit à trouver des financements internationaux et en a fit un long métrage. Écrit pour Giulietta Masina, ce film est le seul où Masina et Mastroianni jouent côte à côte dans une œuvre du Maestro. Il relate la rencontre de deux vieux artistes de music-hall qui se sont perdus de vue depuis longtemps. (Rappelons que Fellini et Masina n'avaient plus tourné ensemble depuis *Juliette des esprits*, réalisé vingt ans auparavant.) Le projet marquait aussi le retour dans le cinéma fellinien de Franco Fabrizi, vedette des *Vitelloni* et d'*Il Bidone*.

Ginger (Masina) et Fred (Mastroianni) sont des danseurs de claquettes qui ont connu un certain succès dans les années quarante, à l'époque où ils mimaient les chorégraphies de leurs modèles Ginger Rogers et Fred Astaire. Ils se retrouvent donc dans les années quatre-vingt à l'occasion d'une émission de télé populaire à laquelle ils ont été invités à participer. Le début du film sacrifie une fois de plus au rituel fellinien, avec l'arrivée de Ginger dans une petite gare de chemin de fer. On vient la chercher pour la conduire

CI-DESSUS
Scène de *Ginger et Fred* (1985)
La veuve soumise Amelia Bonetti (Giulietta Masina) et l'impie Pippo Botticella (Marcello Mastroianni) se retrouvent pour la première fois depuis quarante ans pour revivre l'époque où ils étaient Ginger et Fred.

CI-CONTRE
Sur le tournage de *Ginger et Fred* (1985)
Le but de la télévision est de vendre des produits qui utilisent le sexe et la violence. Malheureusement, des programmes sont parfois insérés entre les pages de publicité.

Scène de *Ginger et Fred* (1985)
Le couple de danseurs vieillissants reprend du service pour interpréter un numéro dans un show télévisé. Leur prestation est ridicule.

au minibus qui doit la déposer à son hôtel et ce court trajet suffit à lui faire prendre conscience de la domination culturelle absolue de la télévision. Elle aperçoit dans la gare un vendeur de téléviseurs désœuvré ; la navette qui l'emmène à l'hôtel est équipée d'un poste de télé ; et les employés de l'hôtel ne pensent qu'au match retransmis à l'antenne. Ginger prend alors conscience d'une réalité incontournable : les générations nouvelles sont complètement intoxiquées par la télévision.

À l'hôtel, elle découvre une turbulente collection de ratés et d'artistes invités comme elle pour l'émission, et qui seraient sans doute plus à leur place dans un cirque. Fatiguée et peinée par ce qu'elle vient de voir, elle va se reposer dans sa chambre, mais des ronflements bruyants provenant de la chambre voisine l'empêchent de s'endormir. Elle veut se plaindre, mais découvre que le ronfleur n'est autre que Fred, son vieux compagnon de scène, saoul et débraillé. Le couple se reforme enfin après tant d'années ! Le jour de l'enregistrement tous deux sont nerveux. Fred, superstitieux, empoigne un fer à cheval, maudissant ceux qui l'entourent et les traitant d'amateurs. Parmi les autres invités, le spectateur découvre une femme qui a quitté sa famille pour un «extraterrestre», un dangereux mafioso et une troupe de nains musiciens. Le couple de danseurs de claquettes ne dispose que d'une demi-heure pour répéter avant d'être appelé sur scène. Malgré un faux départ dû à une panne d'électricité et une glissade malencontreuse de Fred durant leur numéro, la magie du couple opère encore. Leur duo restera l'une des plus touchantes séquences de toute l'œuvre de Fellini.

Scène de *Ginger et Fred* (1985)
Fred fait comprendre au public ce qu'il pense de lui.

Comme dans *Et vogue le navire*, Fellini combine simplicité de la narration et férocité de la satire sociale. Cette fois c'est la télévision qu'il prend pour cible. Le programme de variétés est interrompu par des spots publicitaires qui ponctuent les flots de stéréotypes et de bavardages ineptes proférés par les invités du talk-show. La plupart d'entre eux, tel le travesti qui sort de prison, seraient parfaitement à leur place dans les grandes émissions de divertissement du samedi soir. Si son thème principal est l'univers de la télévision, *Ginger et Fred* est aussi un chant du cygne mélancolique sur l'Hollywood d'antan, tout comme *Et vogue le navire*, qui revisite l'histoire du cinéma.

Une fois encore, Fellini s'interroge sur le pouvoir d'attraction magnétique de la célébrité. L'émission accueille des sosies de stars, Bette Davis, Woody Allen ou Clark Gable… On retrouve dans tous les films de Fellini ce type de personnages obsédés par les célébrités, depuis Wanda (transie d'amour pour le «Cheik blanc») à Cabiria (subjuguée par Alberto Lazarri, auréolé de gloire). Dans *Ginger et Fred*, ses personnages ont perdu leur identité propre en singeant le comportement des stars. Le numéro de Ginger et Fred vampirise la popularité d'Astaire et Rogers. (Ginger Rogers, jugeant le film offensant, avait d'ailleurs poursuivi Fellini devant les tribunaux.) Aussi affectueux, nostalgique et amusant que *Et vogue le navire*, agrémenté d'une partition charmante et mélodieuse qui rappelle Nino Rota, et bénéficiant de remarquables numéros d'acteurs, le film fut très bien accueilli.

En 1987, à l'occasion du cinquantième anniversaire de Cinecittà, le Maestro décida de tourner un film en hommage à cette «usine à rêves» qui avait joué un si grand rôle dans sa vie. *Intervista*, que le cinéaste qualifiait avec condescendance de «filmetto» (petit film), ressemble par son style ironiquement documentaire à *Roma* et aux *Clowns*. Le film rappelle surtout *Bloc-notes d'un cinéaste*. Plutôt que de jouer lui-même le rôle du reporter fouineur, Fellini confia cette mission à une pseudo-équipe de tournage japonaise censée réaliser un documentaire sur Cinecittà; mais, finalement, le Maestro devient lui-même le sujet du film. Dans la première séquence, on voit l'équipe de télé arriver à Cinecittà pour suivre le travail de Fellini censé travailler à une adaptation de *L'Amérique*, le roman de Kafka. Le cinéaste suit ce fil conducteur durant tout le film qui se penche aussi sur Cinecittà et son passé. (L'équipe cherche notamment des reliques de *Quo Vadis*, *Ben-Hur* et *Cléopâtre*.) *Intervista* est aussi un film sur la jeunesse de Fellini, avec la scène typiquement fellinienne de sa découverte des studios, quand, en 1940, le futur cinéaste était venu interviewer une star glamour. Le film et son titre renvoie ainsi à une série de strates superposées. L'équipe japonaise interviewe Fellini, Fellini-jeune interviewe l'actrice et, en fin de compte, *Intervista* se ramène à une interview de Fellini par Fellini.

Comme dans *Roma* et *Les Clowns*, on relève dans *Intervista* quelques portraits remarquables. Ainsi, au détour de Cinecittà, Fellini retrouve son vieux comparse Mastroianni, coiffé d'un haut-de-forme et vêtu d'une queue-de-pie, comme Mandrake le magicien, en plein tournage d'un spot publicitaire. Pour prolonger leurs retrouvailles, les deux amis décident de rendre visite à Anita Ekberg, dans la banlieue de Rome, accompagnés par le jeune homme qui interprète Fellini jeune. S'ensuit une scène d'une profonde nostalgie dans la maison d'Ekberg, où Mastroianni évoque une scène de *La Dolce Vita*. *Intervista*, avant-dernière œuvre de Fellini, est un film bourré de malice qui fonctionne comme un hommage à lui-même autant qu'à Cinecittà et à sa vision du cinéma. Il donne aussi au spectateur des informations sur les coulisses d'un tournage beaucoup plus détaillées que celles de *Huit et demi*. Récompensé par un prix spécial du jury du Festival de Cannes, *Intervista* ne fut pourtant distribué que cinq ans plus tard aux États-Unis et en Grande-Bretagne. Le film comporte beaucoup de scènes touchantes et son ton nostalgique n'est pas sans rappeler *Ginger et Fred*, mais il souffre aussi de longueurs. Fellini se montra pourtant satisfait du résultat. Quand le magazine *Sight and Sound* demanda au cinéaste une liste de ses dix films préférés, il cita *Intervista* en regard d'œuvres de Chaplin (*Les Lumières de la ville*, 1931), John Ford (*La Chevauchée fantastique*, 1939) et Stanley Kubrick (*2001 : l'odyssée de l'espace*, 1968). Il fut d'ailleurs le seul des cinéastes interviewés à inclure un de ses films dans son palmarès – sans compter qu'il mentionne *Paisà*, de Rossellini, au tournage duquel il a aussi participé. Jusqu'à la fin, le Maestro resta son meilleur agent publicitaire.

«J'ai compris que le cinéma recelait une double caractéristique miraculeuse : on raconte une histoire et, pendant qu'on la raconte, on en vit soi-même une autre, une histoire aventureuse avec des êtres aussi extraordinaires que ceux du film que l'on est en train de faire [...] comme les gens dans un cirque, qui vivent dans l'endroit où ils travaillent aussi bien que dans les trains où ils voyagent. »

Federico Fellini [22]

CI-DESSUS
Scène d'*Intervista* (1987)
L'apparition d'un éléphant ne surprend pas dans ce film que Fellini a voulu être une évocation nostalgique de ses propres souvenirs.

CI-CONTRE
Scène d'*Intervista* (1987)
À de nombreuses occasions, Fellini nous invite à découvrir les gens qui travaillent en coulisses.

PAGE 176
Scène d'*Intervista* (1987)
Dans ce documentaire-fiction tourné dans les studios de Cinecittà, Fellini mêle des souvenirs de son propre passé et des éléments issus de son imagination.

PAGE 177
Scène d'*Intervista* (1987)
Marcello Mastroianni, déguisé en Mandrake le magicien, un héros de B. D., simule une crise cardiaque, provoquant l'hilarité d'Anita Ekberg.

175

Scène de *La Voce della luna* (1990)
Ivo Salvini (Roberto Benigni) entend des voix mystérieuses qui sortent d'un puits. C'est en réalité son propre inconscient qui se manifeste à lui. Il est le seul à pouvoir percer le monde et le révéler aux autres.

Son film suivant, *La Voce della luna*, devait être le dernier. Cette comédie sur la vie provinciale ne fut pas tournée à Cinecittà mais à Dinocittà – le complexe de studios de la via Pontina, créé par le producteur Dino de Laurentiis. Adapté d'un roman contemporain, *Le Poème des lunatiques* (*Il poema dei lunatici*), ce film surprit une fois de plus aussi bien les inconditionnels du cinéaste que les critiques. Malgré son affirmation répétée selon laquelle le cinéma n'a rien à voir avec les autres arts et notamment la littérature, Fellini n'a pas hésité à s'inspirer d'un roman, dont l'auteur, Ermanno Cavazzoni, a en outre collaboré à la rédaction du scénario. Autre contradiction, le financement du film provenait presque entièrement de la télévision à une époque où les critiques de Fellini sur ce média se faisaient de plus en plus acerbes.

Fellini a confié le rôle principal à l'acteur comique Roberto Benigni (révélé par *Down by Law* de Jim Jarmusch en 1986). Benigni était déjà apparu dans *La Cité des femmes*, *Ginger et Fred* et *Intervista*. Dans *La Voce della luna*, Benigni est Ivo, un homme qui vient d'effectuer un séjour dans un hôpital psychiatrique et reste hanté par une mystérieuse voix qui sort d'un puits. On le voix d'abord errer à travers champs dans les faubourgs d'une petite bourgade du delta du Pô. Attirés par

Scène de *La Voce della luna* (1990)
Nestore (Angelo Orlando), l'ami d'Ivo, passe son temps à déambuler sur les toits après que sa femme, dotée d'un appétit sexuel insatiable, l'a quitté pour un motard viril.

des rumeurs venant d'une maison voisine, il s'approche et découvre un groupe d'hommes qui assiste au numéro de strip-tease d'une femme d'âge mûr. Chassé par le petit groupe, il s'éloigne et continue à marcher jusqu'au moment où il arrive à un cimetière où il est submergé par ses souvenirs d'enfance. (Une des scènes marquantes du film, dans laquelle sa grand-mère le met au lit, rappelle les souvenirs de Guido dans *Huit et demi*.) Le sentimentalisme d'Ivo est une des clés du film. Ce rêveur cite souvent les poésies du mélancolique Giacomo Leopardi. Survient ensuite le Festival annuel du Gnocchi qui plonge la ville dans un tohu-bohu infernal. Le festival attire une équipe de reportage d'une chaîne de télévision locale, ce qui donne une fois de plus à Fellini l'occasion de critiquer le petit écran et le monde de la publicité sur le ton satirique déjà employé dans *Ginger et Fred*. La folie qui s'est emparée de la ville semble symboliser celle d'Ivo qui se réfugie, songeur, dans la campagne brumeuse des alentours. « Si on faisait un peu plus de silence, on comprendrait peut-être quelque chose », commente-t-il, désabusé.

La Voce della luna est la conclusion décevante de l'œuvre d'un immense metteur en scène. Fellini s'éloigne des structures simples de *Et vogue le navire* ou de *Ginger et Fred* ou même de la subjectivité ludique d'*Intervista*. Le film n'a pas convaincu la critique. On y retrouve les scènes habituelles de voyeurisme et d'introspection, accompagnées de l'inévitable séquence de carnaval. Ivo, personnage marginal et solitaire, dont la vie rêvée côtoie une réalité qui vire elle-même au fantasmagorique, rappelle d'autres personnages felliniens au parcours picaresque similaire. On retrouve aussi des personnages familiers comme les reporters de télévision, les touristes japonais, les femmes énormes et autres excentriques de la ville natale d'Ivo. À peu près aussi décousu que *La Cité des femmes*, ce long métrage final est aussi décevant. Les réseaux de distribution américains ont refusé le film qui n'a touché qu'un auditoire très limité.

Cet accueil glacial rendit les recherches de financement du cinéaste pour ses projets ultérieurs pratiquement désespérées. À soixante-dix ans, Fellini dut se résoudre à retravailler pour la télévision qu'il détestait tant : il tourna un spot publicitaire pour la Banca di Roma. En mars 1993, il fit un ultime voyage aux États-Unis pour recevoir l'Oscar qui couronnait l'ensemble de sa carrière. Durant une cérémonie où *Impitoyable* (1992) de Clint Eastwood et *Indochine* (1991) de Régis Wargnier furent couronnés, Fellini prononça un bref discours, et quelques paroles touchantes à l'adresse de Giulietta Masina, assise au premier rang, qui émurent son auditoire hollywoodien et tous ceux, dans le monde entier, qui suivaient la cérémonie. En juin de la même année, le Maestro subissait une intervention chirurgicale à Zurich. Sa convalescence se déroula à Rimini, dans le décor même du Grand Hôtel, haut lieu mondain de la petite station qui l'avait tant fasciné lorsqu'il était adolescent. Il fut victime d'une première attaque d'apoplexie en août, suivie d'une seconde deux mois plus tard. Federico Fellini mourut le 31 octobre, exactement cinquante ans et un jour après son mariage avec Giulietta Masina. Sa dépouille mortelle fut exposée à Cinecittà et une foule immense vint lui rendre un dernier hommage avant l'inhumation dans sa ville natale de Rimini. À Cinecittà, son studio préféré, le numéro 5, fut rebaptisé Teatro Federico Fellini en son honneur.

Federico Fellini : poète et rêveur, magicien et homme de spectacle, marionnettiste et conteur. En un demi-siècle de magie cinématographique, Fellini a narré des histoires de grandes villes et de petites bourgades, d'êtres ordinaires et de célébrités, de pêcheurs et de saints. Il a imaginé des personnages inoubliables, icônes adorées du public, telles Gelsomina et Cabiria, des alter egos comme Marcello Rubini ou Guido Anselmi. Il a aussi réinventé des figures historiques comme Casanova. Il a contribué à créer des stars comme Marcello Mastroianni, Anouk Aimée, Anita Ekberg et Giulietta Masina. Sans oublier de forger sa propre légende… Aujourd'hui, près de dix ans après sa mort, le mythe reste intact.

PAGE CI-CONTRE
Sur le tournage de *La Voce della luna* (1990)
Federico Fellini joue au marionnettiste avec Roberto Benigni.

DOUBLE PAGE SUIVANTE
Federico Fellini
La caméra de Fellini plane dans les rues de Rome comme dans un rêve.

Filmographie

Les Feux du music-hall
(Luci del varietà, 1950)
Équipe technique : *Réalisation* Federico Fellini et Alberto Lattuada. *Scénario* Federico Fellini, Alberto Lattuada, Tullio Pinelli et Ennio Flaiano. *Production* Federico Fellini et Alberto Lattuada (Capitolium Film). *Photographie* Otello Martelli. *Montage* Mario Bonotti. *Musique* Felice Lattuada. NB, 100 min.
Interprétation : Peppino de Filippo (Checco dal Monte), Carla del Poggio (Liliana Antonelli), Giulietta Masina (Melina Amour), John Kitzmiller (John), Giulio Cali (Edison Will, le fakir), Alberto Lattuada (le domestique).
Les Feux du music-hall est une comédie relatant les péripéties d'une troupe de théâtre dirigée par un imprésario lascif.

Le Cheik blanc *(Lo Sceicco bianco, 1952)*
Équipe technique : *Réalisation* Federico Fellini. *Scénario* Federico Fellini, Tullio Pinelli et Ennio Flaiano, d'après Michelangelo Antonioni. *Production* Luigi Rovere. *Photographie* Arturo Gallea. *Montage* Rolando Benedetti. *Musique* Nino Rota. NB, 88 min.
Interprétation : Brunela Bovo (Wanda Cavalli), Leopoldo Trieste (Ivan Cavalli), Alberto Sordi (Fernando Rivoli, le Cheik blanc), Giulietta Masina (Cabiria).
Le Cheik blanc est une satire dans laquelle le voyage de noces de l'héroïne est perturbé par son amour pour les romans-photos.

Les Vitelloni ou Les Inutiles
(I Vitelloni, 1953)
Équipe technique : *Réalisation* Federico Fellini. *Scénario* Federico Fellini, Tullio Pinelli et Ennio Flaiano. *Production* Lorenzo Pegoraro (Peg Films/Cité Films). *Photographie* Otello Martelli. *Montage* Rolando Benedetti. *Musique* Nino Rota. NB, 103 min.
Interprétation : Franco Interlenghi (Moraldo), Franco Fabrizi (Fausto), Alberto Sordi (Alberto), Leopoldo Trieste (Leopoldo), Riccardo Fellini (Riccardo), Eleonora Ruffo (Sandra), Jean Brochard (le père de Fausto), Claude Farrell (la sœur d'Alberto), Carlo Romano (Signor Michele).
Les Vitelloni est un drame mettant en scène une bande de jeunes gens désœuvrés dans une petite ville.

Agence matrimoniale
(Un'agenzia matrimoniale, 1953)
Un des sketchs de *L'Amour à la ville* (1953).
Équipe technique : *Réalisation* Federico Fellini. *Scénario* Federico Fellini et Tullio Pinelli. *Production* Cesare Zavattini, Riccardo Ghione et Marco Ferreri. *Photographie* Gianni di Venanzo. *Montage* Eraldo da Roma. *Musique* Mario Nascimbene. NB, 32 min.
Interprétation : Antonio Cifariello (le journaliste), Livia Venturini (Rossana).
Agence matrimoniale raconte l'histoire d'un journaliste qui prétend chercher à se marier et éconduit la jeune fille qui se propose.

La Strada *(1954)*
Équipe technique : *Réalisation* Federico Fellini. *Scénario* Federico Fellini, Tullio Pinelli et Ennio Flaiano. *Production* Carlo Ponti et Dino de Laurentiis. *Photographie* Otello Martelli. *Montage* Leo Catozzo. *Musique* Nino Rota. NB, 115 min.
Interprétation : Giulietta Masina (Gelsomina), Anthony Quinn (Zampano), Richard Basehart (le Fou), Aldo Silvani (le directeur de cirque), Marcella Rovere (la veuve), Livia Venturini (la nonne).
La Strada est un road movie poétique traitant de la relation entre un directeur de cirque et une jeune fille naïve et simple d'esprit.

Il Bidone *(1955)*
Équipe technique : *Réalisation* Federico Fellini. *Scénario* Federico Fellini, Tullio Pinelli et Ennio Flaiano. *Production* Titanus/SGC. *Photographie* Otello Martelli. *Montage* Mario Serandrei et Giuseppe Vari. *Musique* Nino Rota. NB, 104 min.
Interprétation : Broderick Crawford (Augusto), Richard Basehart (Picasso), Franco Fabrizi (Roberto), Giulietta Masina (Iris), Lorella de Luca (Patrizia), Giacomo Gabrielli (Vargas), Sue Ellen Blake (Susanna), Alberto de Amicis (Goffredo), Irena Cefaro (Marisa).
Il Bidone est un drame consacré aux différentes formes de tromperie.

Les Nuits de Cabiria
(Le Notti di Cabiria, 1957)
Équipe technique : *Réalisation* Federico Fellini. *Scénario* Federico Fellini, Tullio Pinelli et Ennio Flaiano. *Dialogues* Pier Paolo Pasolini. *Production* Dino de Laurentiis. *Photographie* Aldo Tonti et Otello Martelli. *Montage* Leo Catozzo et Giuseppe Verdi. *Musique* Nino Rota. NB, 110 min.
Interprétation : Giulietta Masina (Cabiria), Amedeo Nazzari (l'acteur), François Périer (Oscar D'Onofrio), Aldo Silvani (l'hypnotiseur), Franca Marzi (Wanda), Dorian Gray (Jessy), Franco Fabrizi (Giorgio), Mario Passante (l'estropié), Pina Gualandri (Matilde).
Les Nuits de Cabiria brosse un tableau doux-amer des épreuves et des tribulations d'une prostituée romaine fataliste et misérable.

La Dolce Vita *(1960)*
Équipe technique : *Réalisation* Federico Fellini. *Scénario* Federico Fellini, Tullio Pinelli, Ennio Flaiano et Brunello Rondi. *Production* Giuseppe Amato et Angelo Rizzoli. *Photographie* Otello Martelli. *Montage* Leo Catozzo. *Musique* Nino Rota. NB, 174 min.
Interprétation : Marcello Mastroianni (Marcello Rubini), Anouk Aimée (Maddalena), Anita Ekberg (Sylvia), Walter Santesso (Paparazzo), Lex Barker (Robert), Yvonne Fourneaux (Emma), Alain Cuny (Steiner), Annibale Ninchi (le père de Marcello), Polidor (le clown), Nadia Gray (Nadia), Valeria Ciangottini (Paola).
La Dolce Vita offre un panorama à la fois impressionnant et désabusé de la Rome des années cinquante.

Les Tentations du docteur Antonio
(Le Tentazioni del dottore Antonio, 1962)
Sketch faisant partie de *Boccace 70* (1962).
Équipe technique : *Réalisation* Federico Fellini. *Scénario* Federico Fellini, Tullio Pinelli et Ennio Flaiano. *Production* Carlo Ponti et Antonio Cervi. *Photographie* Otello Martelli. *Montage* Leo Catozzo. *Musique* Nino Rota. NB, 60 min.
Interprétation : Peppino de Filippo (le docteur Antonio Mazzuolo), Anita Ekberg (Anita), Donatella della Nora (la sœur de Mazzuolo), Antonio Acqua (Commendatore La Pappa).
Les Tentations du docteur Antonio est une brève satire de l'univers de la publicité, retraçant un épisode de la vie d'un défenseur hypocrite de la morale.

Huit et demi *(Otto e mezzo, 1963)*
Équipe technique : *Réalisation* Federico Fellini. *Scénario* Federico Fellini, Tullio Pinelli, Ennio Flaiano et Brunello Rondi. *Production* Angelo Rizzoli. *Photographie* Gianni di Venanzo. *Montage* Leo Catozzo. *Musique* Nino Rota. NB, 138 min.
Interprétation : Marcello Mastroianni (Guido Anselmi), Anouk Aimée (Luisa Anselmi), Sandra Milo (Carla), Claudia Cardinale (Claudia), Rossella Falk (Rossella), Edra Gale (La Saraghina), Madeleine Lebeau (l'actrice française), Barbara Steel (Gloria Morin).
Huit et demi est un film autobiographique accompli sur le cinéma.

Juliette des esprits
(Giulietta degli spiriti, 1965)
Équipe technique : *Réalisation* Federico Fellini. *Scénario* Federico Fellini, Tullio Pinelli, Ennio Flaiano et Brunello Rondi. *Production* Angelo Rizzoli. *Photographie* Gianni di Venanzo. *Montage* Ruggero Mastroianni. *Musique* Nino Rota. Couleurs, 145 min.
Interprétation : Giulietta Masina (Giulietta Boldrini), Mario Pisu (Giorgio), Sandra Milo (Susy/Iris/Fanny), Lou Gilbert (le grand-père), Caterina Boratto (la mère de Giulietta), Luisa della Noce (Adele), Sylva Koscina (Sylva), Valentina Cortese (Val).
Juliette des esprits est un cauchemar explorant les peurs et les fantasmes d'une femme bourgeoise.

Toby Dammit *(1968)*
Sketch faisant partie de *Histoires extraordinaires* (1968).
Équipe technique : *Réalisation* Federico Fellini. *Scénario* Federico Fellini et Bernardino Zapponi. *Production* Alberto Grimaldi et Raymond Eger. *Photographie* Giuseppe Rotunno. *Montage* Ruggero Mastroianni. *Musique* Nino Rota. Couleurs, 37 min.
Interprétation : Terence Stamp (Toby Dammit), Salvo Randone (le père Spagna), Antonia Pietrosi (l'actrice), Polidor (le vieil acteur), Marina Yaru (le diable déguisé en petite fille au ballon).
Toby Dammit raconte la sombre histoire d'un acteur hanté par de sinistres visions.

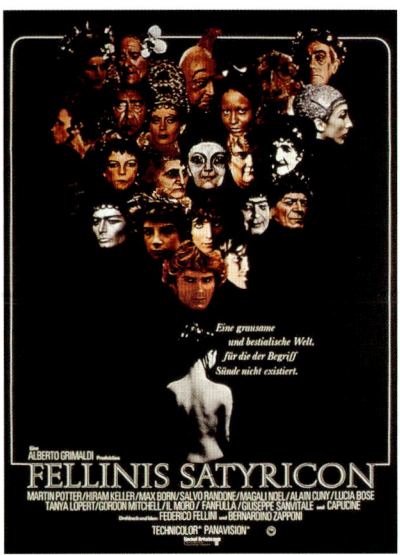

Satyricon *(1969)*
Équipe technique : *Réalisation* Federico Fellini. *Scénario* Federico Fellini et Bernardino Zapponi, d'après *Satiricon* de Pétrone. *Production* Alberto Grimaldi. *Photographie* Giuseppe Rotunno. *Montage* Ruggero Mastroianni. *Musique* Nino Rota. Couleurs, 138 min.
Interprétation : Martin Potter (Encolpe), Hiram Keller (Ascylte), Max Born (Giton), Mario Romagnoli (Trimalchion), Fanfulla (Vernacchio), Gordon Mitchell (le voleur), Alain Cuny (Lica), Donyale Luna (Enotea), Danika la Loggia (Scintilla).
Satyricon est une épopée haute en couleur ayant pour thèmes l'amoralité et l'excès.

Bloc-notes d'un cinéaste
(Block-notes di un regista, 1969)
Équipe technique : *Réalisation et Scénario* Federico Fellini. *Production* Peter Goldfarb. *Photographie* Pasquale de Santis. *Montage* Ruggero Mastroianni. *Musique* Nino Rota. Couleurs, 60 min.
Interprétation (dans leur propre rôle) : Federico Fellini, Giulietta Masina, Marcello Mastroianni, Marina Boratto, Caterina Boratto.
Bloc-notes d'un cinéaste est un documentaire introspectif sur les films de Fellini.

Les Clowns *(I Clowns, 1970)*
Équipe technique : *Réalisation* Federico Fellini. *Scénario* Federico Fellini et Bernardino Zapponi. *Production* Ugo Guerra et Elio Scardamaglia. *Photographie* Dario di Palma. *Montage* Ruggero Mastroianni. *Musique* Nino Rota. Couleurs, 92 min.
Interprétation (dans leur propre rôle) : Federico Fellini, Liana Orfei, Tristan Rémy, Anita Ekberg, Victoria Chaplin, Baptiste, Père Loriot, Riccardo Billi, Fanfulla.
Les Clowns est une ode kaléidoscopique dédiée au cirque et à ses acteurs tragicomiques.

Roma *(1972)*
Équipe technique : *Réalisation* Federico Fellini. *Scénario* Federico Fellini et Bernardino Zapponi. *Production* Turi Vasile. *Photographie* Giuseppe Rotunno. *Montage* Ruggero Mastroianni. *Musique* Nino Rota. Couleurs, 128 min.
Interprétation : Peter Gonzales (Fellini jeune), Fiona Florence (Dolores), Pia de Doses (la princesse), Alvaro Vitali (le danseur), Federico Fellini, Marcello Mastroianni, Gore Vidal, Anna Magnani, Alberto Sordi (dans leur propre rôle).
Roma est une étude autobiographique fantastique sur la capitale italienne.

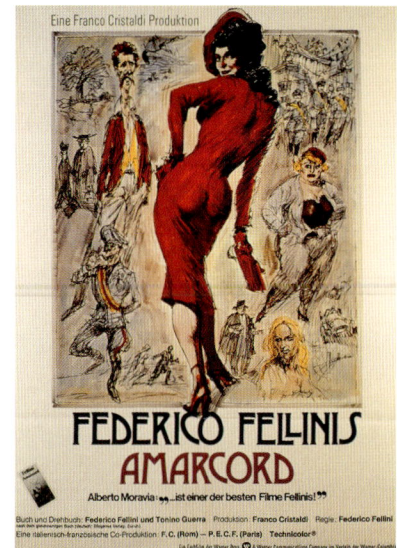

Amarcord *(1973)*
Équipe technique : *Réalisation* Federico Fellini. *Scénario* Federico Fellini et Tonino Guerra. *Production* Franco Cristaldi. *Photographie* Giuseppe Rotunno. *Montage* Ruggero Mastroianni. *Musique* Nino Rota. Couleurs, 123 min.
Interprétation : Bruno Zanin (Titta), Pupella Maggio (Miranda), Armando Brancia (Aurelio), Nando Orfei (Lallo), Peppino Ianigro (le grand-père de Titta), Ciccio Ingrassia (l'oncle Teo), Magali Noël (la Gradisca), Josiane Tanzilli (Volpina).
Amarcord est un film impressionnant et sensible sur les souvenirs d'enfance, qui se déroule dans une station balnéaire.

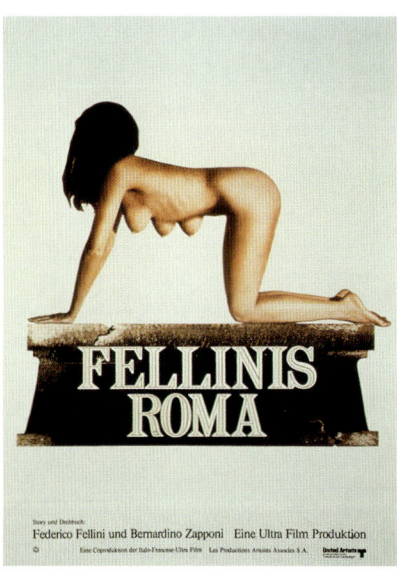

Casanova *(1976)*
Équipe technique : *Réalisation* Federico Fellini. *Scénario* Federico Fellini, Bernardino Zapponi, Andrea Zanzotto et Tonino Guerra. *Production* Alberto Grimaldi. *Photographie* Giuseppe Rotunno. *Montage* Ruggero Mastroianni. *Musique* Nino Rota. Couleurs, 163 min.
Interprétation : Donald Sutherland (Casanova), Cicely Browne (Madame d'Urfé), Tina Aumont (Henriette), Margareth Clementi (Maddalena), Olimpia Carlisi (Isabella), Daniel Emilfork (Dubois), Sandy Allen (la géante), Claretta Algrandi (Marcolina).
Casanova est une saga retraçant la vie de l'une des figures historiques italiennes les plus célèbres.

Répétition d'orchestre *(Prova d'orchestra, 1979)*
Équipe technique : *Réalisation* Federico Fellini. *Scénario* Federico Fellini et Brunello Rondi. *Production* RAI Daimo Cinematografica SPA/Albatros Produktion GmbH. *Photographie* Giuseppe Rotunno. *Montage* Ruggero Mastroianni. *Musique* Nino Rota. Couleurs, 72 min.

Interprétation : Baldwin Bass (le chef d'orchestre), David Mauhsell (le premier violon), Francesco Aluigi (le second violon), Elisabeth Labi (la pianiste), Ronaldo Bonacchi (le contrebassiste), Giovanni Javarone (le tuba), Andy Miller (le hautbois).
Répétition d'orchestre est une allégorie politique dans laquelle des musiciens mécontents se révoltent contre la « dictature » de leur chef d'orchestre.

La Cité des femmes
(La Città delle donne, 1980)
Équipe technique : *Réalisation* Federico Fellini. *Scénario* Federico Fellini, Bernardino Zapponi et Brunello Rondi. *Production* Opera Film Produzione/Gaumont. *Photographie* Giuseppe Rotunno. *Montage* Ruggero Mastroianni. *Musique* Luis Bacalov. Couleurs, 140 min.
Interprétation : Marcello Mastroianni (Snaporaz), Anna Prucnal (l'épouse de Snaporaz), Bernice Stegers (la femme mystérieuse dans le train), Ettore Manni (Katzone), Donatella Damiani et Rosaria Tafuri (la soubrette).
La Cité des femmes est une fantaisie sur le dur réveil d'un coureur de jupons dans un monde de femmes.

Et vogue le navire *(E la nave va, 1983)*
Équipe technique : *Réalisation* Federico Fellini. *Scénario* Federico Fellini, Tonino Guerra et Andrea Zanzotto. *Production* Franco Cristaldi. *Photographie* Giuseppe Rotunno. *Montage* Ruggero Mastroianni. *Musique* Gianfranco Plenizio. Couleurs, 132 min.
Interprétation : Freddie Jones (Orlando), Barbara Jefford (Ildebranda Cuffari), Janet Suzman (Edmea Tetua), Vittorio Poletti (Aureliano Fuciletto), Peter Cellier (Sir Reginald Dongby), Norma West (Lady Violet Dongby), Pina Bausch (la princesse).
Et vogue le navire est un drame nostalgique sur fond de voyage en mer à bord d'un bateau transportant les cendres d'une cantatrice célèbre.

Ginger et Fred *(Ginger e Fred, 1985)*
Équipe technique : *Réalisation* Federico Fellini. *Scénario* Federico Fellini, Tullio Pinelli et Tonino Guerra. *Production* Alberti Grimaldi. *Photographie* Tonino delli Colli. *Montage* Nino Baragli, Ugo de Rossi et Ruggero Mastroianni. *Musique* Nicola Piovani. Couleurs, 127 min.
Interprétation : Giulietta Masina (Ginger), Marcello Mastroianni (Fred), Franco Fabrizi (le présentateur), Frederick Ledenburg (l'amiral), Augusto Poderosi (le travesti), Jacques-Henri Lartigue (le prêtre).
Ginger et Fred est un drame sentimental racontant l'histoire d'un ancien couple de music-hall qui se retrouve à l'occasion d'un grand spectacle télévisé.

Intervista *(1987)*
Équipe technique : *Réalisation* Federico Fellini. *Scénario* Federico Fellini et Gianfranco Angelucci. *Production* Ibrahim Moussa. *Photographie* Tonino delli Colli. *Montage* Nino Baragli. *Musique* Nicola Piovani. Couleurs, 113 min.
Interprétation : Sergio Rubini (le journaliste), Paola Liguori (la diva), Maurizio Mein (l'assistant réalisateur), Nadia Ottaviani (la vestale), Anita Ekberg, Federico Fellini, Marcello Mastroianni (dans leur propre rôle).
Intervista est un pseudo-documentaire avec pour toile de fond les studios Cinecittà de Rome.

La Voce della luna *(1990)*
Équipe technique : *Réalisation* Federico Fellini. *Scénario* Federico Fellini, Tullio Pinelli et Ermanno Cavazzoni. *Production* Mario et Vittorio Cecchi. *Photographie* Tonino delli Colli. *Montage* Nino Baragli. *Musique* Nicola Piovani. Couleurs, 118 min.
Interprétation : Roberto Benigni (Ivo Salvini), Paolo Villaggio (le préfet Gonnella), Marisa Tomasi (Marisa), Nadia Ottaviani (Aldina Ferruzzi), Algelo Orlando (Nestore), Uta Schmidt (la grand-mère d'Ivo), George Taylor (l'amant de Marisa).
La Voce della luna brosse un tableau de la modernité et de la folie.

Bibliographie

Biographies
- Alpert, Hollis: *Fellini: A Life*. New York 1986
- Baxter, John: *Fellini*. New York 1994
- Kezich, Tullio: *Fellini*. New York 1993

Livres de Fellini
- Fellini, Federico: *Fare un film*. Turin 1980
- Fellini, Federico: *Fellini on Fellini*. New York 1996
- Fellini, Federico: *Un regista a Cinecittà*. Milan 1988

Entretiens
- Chandler, Charlotte: *Moi Fellini*, Robert Laffont Paris 2001
- Costantini, Costanzo (éd.): *Conversations avec Federico Fellini*, Denoël, Paris 1995
- Grazzini, Giovanni: *Fellini par Fellini*, entretiens, Flammarion, Paris 1987

Livres sur Fellini
- Agel, Geneviève: *Les chemins de Fellini*. Paris 1956
- Betti, Liliana: *Fellini*. Boston 1979
- Budgen, Suzanne: *Fellini*. Londres 1966
- Bondanella, Peter: *The Cinema of Federico Fellini*. Princeton 1992
- Bondanella, Peter: *The Films of Federico Fellini*. Cambridge 2002
- Boyer, Deena: *The Two Hundred Days of 81/2*. New York 1964
- Burke, Frank: *Federico Fellini: Variety Lights to La Dolce Vita*. Boston 1984
- Collet, Jean: *La création selon Fellini*. Paris 1990
- Costello, Donald: *Fellini's Road*. Notre Dame 1983
- De Santi, Pier Marco: *I disegni di Fellini*. Rome 1982
- Fantuzzi, Virgilio: *Il vero Fellini*. Rome 1994
- Fava, Claudio G. et Viganò, Aldo: *The Films of Federico Fellini*. Secaucus 1984
- Giacci, Vittorio (éd.): *La voce della luce: Federico Fellini*. Rome 1995
- Grau, Jordi: *Fellini desde Barcelona*. Barcelone 1985
- Hughes, Eileen: *On the Set of Fellini Satyricon*. New York 1971
- Kezich, Tullio: *Fellini del giorno dopo con un alfabetiere felliniano*. Rimini 1996
- Kezich, Tullio: *Il dolce cinema*. Milan 1978
- Levergeois, Bertrand: *La Dolce Vita du Maestro*, Paris 1994
- Milo, Sandra: *Caro Federico*. Milan 1982
- Murray, Edward: *Fellini the Artist*. New York 1985
- Nemiz, Andrea: *Vita, dolce vita*. Rome 1983
- Rondi, Brunello: *Il cinema di Fellini*. Rome 1965
- Rosenthal, Stuart: *The Cinema of Federico Fellini*. South Brunswick 1976
- Salachas, Gilbert: *Federico Fellini: An Investigation Into His Films and Philosophy*. New York 1969
- Solmi, Angelo: *Fellini*. New York 1977
- Strich, Christian (éd.): *Fellini's Films*. New York 1977
- Tornabuoni, Lietta: *Federico Fellini*. New York 1995
- Zanelli, Dario: *Nel mondo di Federico*. Turin 1987

Documentaires
- *Ciao Federico!* (1970)
- *Fellini: The Director as Creator* (1970)
- *Real Dreams* (1987)
- *Wizards, Clowns and Honest Liars* (1978)
- *Fellini: I'm a Big Liar* (2001)

Sites Internet
- www.federicofellini.it – Fondation Federico Fellini
- www.cinecitta.com – Site officiel de Cinecittà

Notes

1. *L'Arc*, n° 45, Aix-en-Provence, 1971.
2. *The Pilgrim (chapter 33)*, écrit par Kris Kristofferson. Resaca Music Publishing Co. «Cisco Pike», CBS 1971.
3. *Moi Fellini*, entretiens avec Charlotte Chandler, Robert Laffont, Paris, 1994.
4. *Moi Fellini*, entretiens avec Charlotte Chandler, Robert Laffont, Paris, 1994.
5. *Encountering Directors*, Charles Thomas Samuels, New York, 1972.
6. *Conversations avec Fellini*, Costanzo Costantini, Paris, Denoël, 1995.
7. *Fellini on Fellini*, Federico Fellini, New York, 1996.
8. *Fellini*, John Baxter, New York, 1994.
9. *Fellini par Fellini*, entretiens avec Giovanni Grazzini, Flammarion, Paris, 1987.
10. Jean Douchet, *Cahiers du Cinéma*, n° 132, Paris, juin 1962.
11. *Fellini par Fellini*, entretiens avec Giovanni Grazzini, Flammarion, Paris, 1987.
12. *Fellini par Fellini*, entretiens avec Giovanni Grazzini, Flammarion, Paris, 1987.
13. *For Keeps*, Pauline Kael, New York, 1994.
14. Jean-Louis Bory, *Le Nouvel Observateur*, Paris, 15 décembre 1969.
15. Francesco Dorigo, *Il Piccolo*, Trieste, 31 août 1970.
16. *Fellini*, John Baxter, New York, 1994.
17. *Conversations avec Fellini*, Costanzo Costantini, Paris, Denoël, 1995.
18. Vincent Canby, *The New York Times*, New York, 12 février 1977.
19. *Fellini par Fellini*, entretiens avec Giovanni Grazzini, Flammarion, Paris, 1987.
20. *Conversations avec Fellini*, Costanzo Costantini, Paris, Denoël, 1995.
21. *Fellini on Fellini*, Federico Fellini, New York, 1996.
22. *Fellini par Fellini*, entretiens avec Giovanni Grazzini, Flammarion, Paris, 1987.
23. *Fellini*, John Baxter, New York, 1994.
24. *Moi Fellini*, entretiens avec Charlotte Chandler, Robert Laffont, Paris, 1994.

Federico Fellini et Giulietta Masina à Venise (vers 1955)